ヘイトスピーチと対抗報道

Sunami Keisuke

a pilot of wisdom

はじめに

「今こそ全ての日本国民に問います」

ＮＨＫの人気クイズ番組でお決まりのナレーションが入るたびに、モヤモヤする。この番組を見ているのは、この国に住んでいるのは、国民だけじゃないのに。例えば、家で一緒にテレビを見ている四人のうち一人だけ、日本国籍を持っていないという家庭なんてざらにある。

新型コロナウイルス感染症対策で、政府が配った一人一〇万円の特別定額給付金も当初、「国民」に配るとアナウンスされた。外国人の間に「うちも納税しているのに、対象から排除されるのか」という動揺や諦めが走ったが、結局は「住民基本台帳に記録されている者」が対象ということになり、外国籍市民にも一〇万円は支払われた。わざわざ「国民」と伝える必要はあったのか。

「日本に住んでいるのは日本人だけ」「日本人だけに分かればいい」という排他的な思考がはびこっているからこそ、わざとにせよ、意図的でないにせよ、こうした疎外感、違和感、モヤモヤを抱かせる言い方をするのだと思う。

「マイクロアグレッション」という言葉がある。直訳すると「些細《ささい》な攻撃」。日常の中で、知らず知らずのうちに相手や第三者を傷つけたり、偏見を広めたりする言動のことだ。クイズ番組でのナレーションも、ギリギリこれに含まれるだろう。例えば、初めて会った黒人や黒人ルーツの人に「走るの速いの？　スポーツは何が得意？」「ラップやレゲエ、好き？」と聞くこと。黒人への偏見、先入観に基づいている。気を付けていないと、私もよくやってしまう。外国人や他民族だけが対象ではない。差別・偏見は障害、出身、宗教、性などあらゆる属性に向けられる。

「レイシャルハラスメント」という言葉もある。人種、民族、国籍などでの差別に基づいた個人への嫌がらせ、ハラスメントだ。ヘイトスピーチ（差別扇動表現）、ヘイトクライム（差別を動機とした犯罪）と重なる部分もある。不特定多数に対してはヘイトスピーチ。ヘイトスピーチが差別落書きや器物損壊、暴行など刑法に触れればヘイトクライム。これらのうち、特定個人に対するものがレイシャルハラスメントとも呼ばれる。

マイクロアグレッションのひどいもの、意図的なものが、こうした差別行為にエスカレートする。要するに、マイクロアグレッションの段階で食い止め、マイクロアグレッションをなくしていくことで、差別は防げるはずだ。偏見の段階でおかしいと気付けばいいのだ。偏見は誰でも持っている。学校や、社会や、読書などで学ぶことは偏見を少なくすることに役立つ。

差別は駄目。小学生でも知っている。いや、小学生こそ知っている。なぜか、大人になるにつれ差別をする人が出てくる。しんどいことだが「あなた、それ差別ですよ」「今の発言、アウト」、いちいち注意しなければならない。しんどくても抗議しなければならない。なぜか。

マイクロアグレッションやレイシャルハラスメント、ヘイトスピーチがはびこる中で、日常的に傷ついている人はたくさんいる。「私はそんなこと思ってないから大丈夫だよ、安心して」では、差別はなくならず、被害者は安心できない。「それ、間違ってます」と注意、抗議、反対の意思を示すこと。面倒でも、それが差別をなくす第一歩だ。それではなぜ、そもそも日常生活から差別をなくさなければならないのか。

「ヘイト暴力のピラミッド」という有名な図がある。世の中にはびこった偏見や先入観を放置していれば、マイクロアグレッションのような偏見による言動につながり、それを放置していればヘイトスピーチ、ヘイトクライムのような差別行為が起きる。差別の階段を上がっていく先には、ジェノサイド（虐殺）がある。杞憂《きゆう》ではない。世界の歴史、日本の歴史が証明しているし、心配している人たちが今、日本にいるのだ。下の段で止めておかなければ、差別はエスカレートするということを分かりやすく啓発する図だ。

ただ、ピラミッド型になっていることで、誤解が生まれる余地もある。草の根の差別感情が、徐々に社会全体にはびこる差別的な雰囲気となり、やがては国レベルの差別政策に行き着くというイメージを思い浮かべるかもしれない。しかし、決してそうではない。政府が差別に基づいた政策を掲げたり、政治指導者が差別発言をしたりして、そこから人々に差別感情や偏見が生まれるということも起きている。

ヘイト暴力のピラミッド

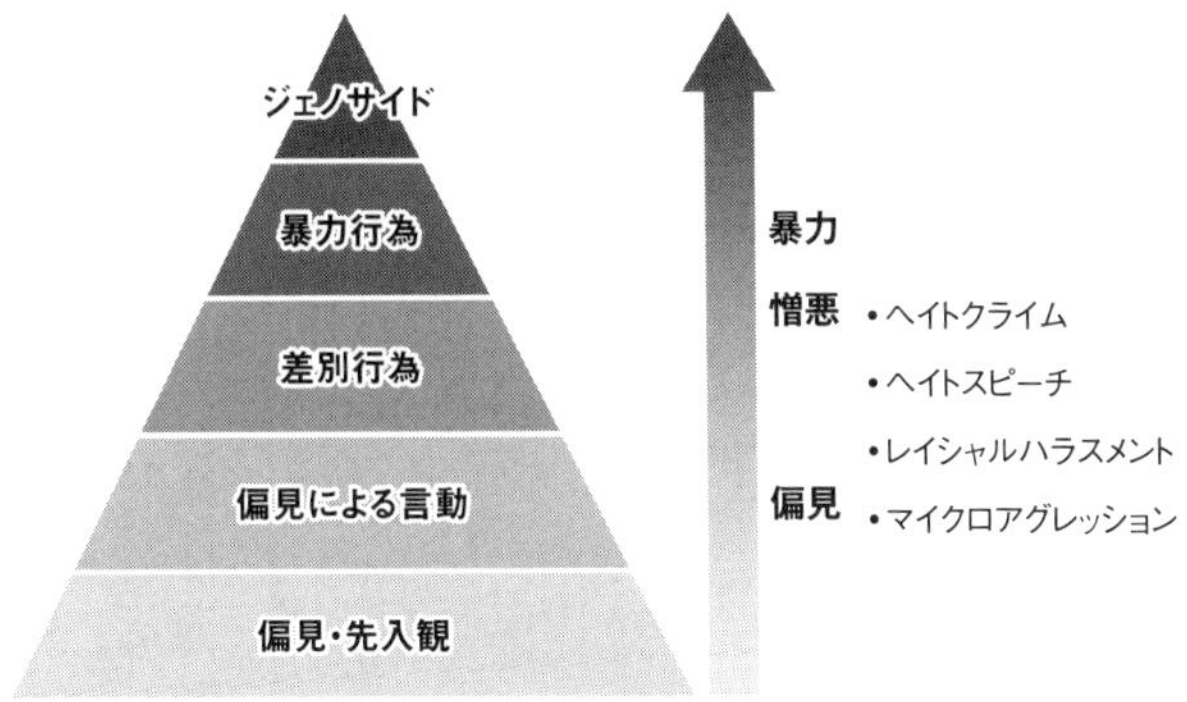

他民族や女性に対するヘイトスピーチをまき散らした政治家がいる。元東京都知事の石原慎太郎氏だ。二〇〇〇年四月に陸上自衛隊練馬駐屯地で開かれた記念式典では、「不法入国した多くの三国人、外国人が非常に凶悪な犯罪を繰り返している」「大きな災害が起こった時には、大きな騒擾《そうじよう》事件すら想定される」と訓示し、自説を展開した。典型的な差別扇動、ヘイトスピーチだ。

　直後、都に寄せられた電話やメールは三〇〇〇件超。約四割は支持する意見で、「不良外国人の犯罪が多く治安が心配だ」といった指摘もあった。ＪＲ大阪駅やＪＲ天王寺駅などのトイレでは「大阪の街を汚す三国人　日本から出ていけ」といった落書きが相次いで見つかった。

一九二三年九月一日に起きた関東大震災では、数千人の朝鮮人や中国人が混乱に乗じて虐殺された。「朝鮮人が井戸に毒を投げ込んだ」「朝鮮人が暴動を起こしている」といったデマが信じられ、広まったためだ。当時、上から下まで、朝鮮人に対する根深い差別意識が蔓延《まんえん》していた。虐殺の主体は軍、警察、市民だった。歴史に刻まれたヘイトクライムだ。

当時の世相は今とよく似ている。上を見れば政治家によるヘイトスピーチや政府による差別的政策。下を見れば、居酒屋での嫌韓談義や書店に並ぶ嫌韓本。あらゆるところに差別がはびこっている。石原氏の訓示は、今また首都直下型地震や南海トラフ地震など大災害が起きた時、ジェノサイドを扇動する発言に他ならない。私が差別をなくすために報道を続けるのは、震災下のジェノサイドを未然に防ぐためだ。虐殺は決して杞憂とか、大げさなこととかではない。

例えば大震災で、一人の外国人が着の身着のまま避難所へ向かうとする。誰もおにぎり一個、水一滴さえ口にできない中、避難所に身を寄せた地域住民同士さえもがぎすぎすする状況で、差別事件が起きないと断言できるだろうか。日頃から差別の芽を摘み取ることこそが、全ての命が尊ばれる唯一の道だ。

そんな中、二〇一六年五月二四日に、ヘイトスピーチを許さないとする画期的な法律が成立した。「ヘイトスピーチ解消法」は、国外出身者とその子孫への差別を助長する著しい侮辱などを「不当な差別的言動」と定義し、「許されない」と明記した。法務省は具体例として、①「〇〇人は殺せ」「〇〇人を海に投げ入れろ」といった脅迫的言動、②ゴキブリなどの昆虫や動物にたとえる著しい侮辱、③「町から出て行け」などの排除をあおる文言——などが当てはまると自治体に提示している。国と自治体に相談体制の整備や啓発活動の充実も要請した。

法律ができた効果は大きい。いくつかの自治体が法に合わせて条例を制定した。中でも神奈川県川崎市の条例は、ヘイトスピーチを繰り返した人に刑事罰を科す、日本で初めて差別を犯罪と規定するものだった。

法ができたことでメディアの姿勢も少し変わった。「公正・中立」に慣れている記者は、社会を破壊し、マイノリティの魂を殺すヘイトスピーチ吹き荒れるデモを取材しても、両論併記的な〝お利口さん〟記事を書く傾向が強い。ヘイトスピーチを批判しながらも、「ヘイトスピーチ規制は、憲法が保障する表現の自由の侵害になる」というものだ。しかし、ヘイトスピーチは表現の範疇《はんちゅう》に入るものではなく、暴力そのものだ。暴力に対して、中立はあり得ない。「私は差別をしない」ではなく、「私は差別に反対する」という姿勢が求められる。解消法の成立によって、メディアが両論併記ではなく、「差別は悪であり、反対する」の姿勢に少し近づいた。しかし、法や条例ができても、ヘイトスピーチは根絶されていないように、メディアもまだまだ意識が足りない。

私もそうだが、ヘイトスピーチを受ける被害者である在日コリアンに「ヘイトスピーチについてどう思うか」と聞くことがある。答えは「嫌だ」「やめてほしい」に決まっているのに、聞いてしまう。ヘイトスピーチは被害者の問題ではなく、加害者の問題だ。つまり日本人、日本社会が解決すべき問題だ。反差別の取り組みは、被害者に寄り添うことも大事だが、被害者がどう思っているのかを確かめるよりまず、本来は加害者の責任を問うことから始めなければならない。日本人がやっている差別行為を、日本人が糾《ただ》していかなければならない。被害者にどう思っているのかを聞くのは、酷だ。だが、分かりやすい報道を求めるあまり、被害者に安易にコメントを求めてしまうことが、私にも多々ある。

そんな私だから、偉そうなことは言えない。偏見や差別に基づく発言を多く口にしてきた。差別にその場で抗議しなかったこともたくさんあった。だからこそ、「上から目線」ではなく、記者として何をして、何ができなかったかを自省しながら、現状と課題をまとめたい。メディアがどう「ヘイト」と向き合ったか、あるいは向き合わなかったかは、第一章で整理した。

本書のタイトルにも入れた「対抗報道」には、反ヘイトの報道をしてきたという報告だけでなく、残念ながらできなかったという反省が含まれる。また、今後も対抗報道をやっていくという宣言であり、一緒にやっていこうという呼び掛けでもある。

第二、三章では、ヘイトスピーチ解消法の成立前後から、差別主義者たちの標的とされた川崎市と、サイバー空間を主な舞台に、現場で見聞きし、考えたことをお伝えする。一般市民、民間のヘイトだ。反対に、「官」からのヘイトについては、第四、五章で考える。朝鮮学校への差別政策や、拉致問題、日韓の歴史問題を利用したヘイトがそれにあたる。拉致問題、慰安婦問題、徴用工問題は私が長年取り組んできたテーマだ。ヘイトスピーチを取材するうちに、差別の多くは歴史認識の問題、植民地支配の問題に端を発していることに気付いた。上からのヘイトがなくならなければ、何も解決しない。

第六章では、こうしたヘイトを押さえ込むための取り組み、抗議行動と法制度の現状と課題をまとめた。人種差別撤廃条約に加入しながら、義務を果たさない日本。ヘイトスピーチ解消法の限界をどう乗り越えるべきか、考えたい。

本書には差別の実態を紹介するため差別表現をそのまま掲載した箇所がある。在日朝鮮人、在日韓国人は原則として「在日コリアン」と表記した。歴史修正主義は歴史改竄《かいざん》主義と記した。なお、人物の肩書きや年齢は取材当時のものである。

目次

独自制裁／国連機関が批判／お土産を没収／差別へのお墨付き／
拉致問題がヘイトを呼び込む／国民大集会／「息を吹くように嘘をつく」／
子どもたちに憎悪をあおる／横田滋さんの死去／ヘイトクライムに無反応

第五章　歴史改竄によるヘイト

思考停止の「反日」「日本ヘイト」／少女像の隣に座って／
「軍が強制」の将校証言／「朝日新聞の捏造」という捏造／
河野談話に含まれない新資料／兵七〇人に慰安婦一人／「歴史戦」にODA予算／
徴用工たちの声／ヘイトの温床つくった大法院判決／和解経験／強制連行の数／
李熙子さんとの出会い／日本側支援団体の存在／強制連行犠牲者の遺児たち／
日韓連帯が始まった九〇年代／海に響く「アボジ！」の声／
強制連行朝鮮人の賃金／三・一節一〇〇年にヘイト攻撃／追悼碑への攻撃／
都知事の追悼文取りやめ／追悼文取りやめの陰にヘイト団体／
ヘイトとフェイクによる歴史戦／震災時のヘイト／
歴史否定を規制するドイツ／被害者が一番被害を知っている

図版作成／ＭＯＴＨＥＲ

第一章　ヘイトスピーチと報道

メディアはヘイトスピーチにどう立ち向かってきたか。残念だが、はっきり言って「どう立ち向かってこなかったか」と振り返るほうが正しい。

かくいう私も、街頭でのヘイトスピーチが最も苛烈だった頃、向き合わなかった。当時の多くの記者がそうだったように、現場にも行かないまま「あんな連中は、無視していればそのうちいなくなるだろう。記事に取り上げればかえって目立たせてしまう」などと賢《さか》しらに考えていた。当時の勤務地が東京や大阪ではなかったとか、別の担当分野を抱えていて忙しかったからというのは言い訳にならない。当時からきちんと追及していればと悔やんでいる。

私は在日コリアンを取り巻く社会状況や、強制連行や従軍慰安婦などの日韓・日朝の歴史問題をライフワークに記者活動を続けてきた。遅まきながらヘイトスピーチ問題にも取り組み始めたのは、二〇一五年に東京本社の社会部に赴任してからだ。東京・新大久保や大阪・鶴橋でのヘイトデモは下火になっており、ヘイト団体は神奈川県川崎市川崎区の在

川崎市でのヘイトデモに対するカウンター行動（2016年6月5日）
写真提供：共同通信

日コリアン集住地域を狙い始めていた。

　川崎からの反ヘイト運動は国会を動かし、議員立法でヘイトスピーチ解消法が審議されている頃だった。

　こうした状況の中で取材を始め、そこで気付いたことがあった。メディアの無関心や、「差別問題ってややこしそうで、めんどくさそう」と近づかない記者たちの姿勢や、関心があっても「中立」を保とうとして差別側と抗議側とを両論併記で描こうとする記者たちの姿勢だった。

公正中立とは何か

「共同通信？　珍しいな。何しに来た。ちゃんと書けるのか？」

ヘイトデモに立ち向かうカウンター（抗議の市民）たちに取材しようと話しかけると、痛烈な台詞《せりふ》が返ってきた。後発組だからこその試練だ。ヘイトに向き合ってこなかったツケである。ここでへこたれるわけにはいかない。「私も差別に反対する。自分が書いていくことで、社として反差別の旗を立てる」ということを口で言うのではなく、記事で証明しなければならない。そうでなければ、カウンターにしろ被害者にしろ、心を開いて話をしてくれる人はいない。

大手報道機関の所属記者として「きちんと差別に反対する」ことは、実は案外難しい。記者は若い頃から徹底的に、公正中立、不偏不党、客観報道、両論併記が基本中の基本だと叩《たた》き込まれる。日本メディアの王道は、主張を廃したファクトだけの「報道」であり、自らの考えを表明する「言論」ではないのだ。

すると、どうなるか。ヘイトデモの記事を書く時、「○○を主張するデモがあり、○○と叫んでいた。差別をやめろと反対する人たちもいた」と、見たままの事実を客観的に書くだけになってしまう。記事では「この発言は差別にあたる」とまで踏み込まない。読者が「ひどい差別があるな」と感じてくれるだろうと信じて事実だけを書くのが記者の仕事であって、「これ差別ですよ」と指摘するのは、公正中立な仕事ではないと考えられている。

しかし、これでは魂を殺す暴力であるヘイトスピーチが、問題はあるが表現活動の一つとして伝えられるだけだ。差別を差別だと認定することから逃げていると思われるし、報道機関が差別を糾弾しなければ、差別をなくしていこうという気運や運動に結びつかない。差別や暴力、戦争をなくそうとすることが報道機関の役目であるはずだ。

目の前にある差別に対して「公正中立」「不偏不党」とはどういうことなのか。目の前で人が殴られていても客観報道に徹するのか。ヘイト側とカウンター側の中間に立ち報道することが正しいことなのか。違うはずだ。しかし、それが正しいと考えているメディア関係者が圧倒的に多数だ。「あなたはナチスが政権を取っても、中立でいるのか」。同じ問いが、ヘイトに向き合う時にも突き付けられる。

ヘイト問題取材班

私は、ヘイトスピーチを「差別であり、悪である」という当たり前の認定をした上で記事を書かなければと考えた。旗幟《きし》を鮮明にしなければ、差別を止められない。しかし、デスクたちは「ヘイトは差別であり、悪だ」と認識を共有してくれていたが、「ファクトだけで伝えるよう工夫しないと。記事は評論じゃないんだから」という反応だった。

それでも事実を丹念に積み上げ、ヘイト問題の記事を繰り返し出し続けることで、少しずつ表現の自主規制の枠を取り除いていくことができた。

例えば、ヘイト団体の代表格である「日本第一党」について、「政治団体・日本第一党」という中立的な書き方ではなく、「排外主義政策を掲げる日本第一党」と書いて記事にした。本来ならもっとはっきり「差別主義団体の日本第一党」などと書くべきだろうが、まだそこまでは到達できていない。

「ここまで書けた。次はもっと直接的に書いてやろう」と、徐々に自主規制のハードルを低くしていった。全国・全世界に散らばる同僚記者が同じように書いてくれれば、もっと書けるようになる。共同通信が書けば他のメディアにも影響を与えられる。切磋琢磨《せっさたくま》して差別と闘う仲間を増やしていけるはずだ。

社内には、少ないが何人か同志がいた。真剣に差別に怒り、時には意見が合わずぶつかり合いながらも、私の仕事を面白がり、いつも記事を通してくれたのは社会部の斉藤友彦デスクだ。斉藤デスクを中心に全国の支社・支局の記者たちで緩く結成したのが「共同通信ヘイト問題取材班」だ。何人いるのかは、少なくて恥ずかしいので秘密だ。

会社組織なのだから、仲間を増やすなどまどろっこしいことをせず、誰か記者を取材班に任命すればいいではないかと考える人もいるかもしれない。しかしヘイト問題は、やれと言われてできるテーマではない。必要な知識や人脈は仕事をしていれば培われるだろうが、前提として「差別と向き合わなければ」という信念が必要だと思う。

こうして、社内で地道に挑戦や闘争や根回しやオルグを積み重ねながら、反差別の旗を打ち立てようと努力を続けた。冒頭で触れたカウンターからの痛烈なひと言「共同通信、何しに来た」から五年がたったある日。広島市の現場で取材している時、カウンターの皆さんから「あの共同通信ヘイト問題取材班が来てくれた！」と歓迎された。

偉大な先輩

二〇一六年にヘイトスピーチ解消法ができ、二〇二〇年には初の刑事罰を備えた川崎市のヘイトスピーチ禁止条例が全面施行された。それぞれ大きな効果があったが、それでも確信犯的なヘイト街宣は繰り返されている。現状では、警察も行政もヘイトを止められず、止められる法律もない。では、メディアはヘイトを止められないのか。

我々ヘイト問題取材班の場合は、残念ながら「こんなひどいことが起きている」「各自治体ではこういう取り組みをしている」「差別禁止法が必要だ」などと論陣を張るくらいがせいぜいだ。

社内の何人かが取材班の名を使って記事を書いている。しかし、面倒を避けてかヘイト問題に近寄らない記者のほうが多く、書いたとしても「ヘイトスピーチは駄目だが、表現の自由とのバランスが大事だ」のような両論併記の曖昧な〝お利口さん〟記事になってしまうことも、まだまだ多い。

ヘイト団体のターゲットになっている川崎市では、地元の神奈川新聞が、石橋学記者らの健筆で反ヘイトの論陣を張っている。現場主義・反差別を貫き、被害者と地域に寄り添い、差別主義者を激しく糾弾する記事を書き続けている。石橋記者の記事に目を付けてヘイト団体が川崎を標的としている節もある。石橋記者はヘイト団体の男性から訴訟も起こされた。訴訟では新聞労連と大弁護団が石橋記者を支援している。

いつも現場で一緒になる石橋記者は、記者としてどうあるべきかを教えてくれ、背中を押してくれる先輩だ。印象に残っているのは、東京・新大久保のコリアタウンでヘイト団体を二人で待ち構えている時の会話だ。

「社会を壊すヘイトを止めるべきは行政であり警察だ。しかし彼らはそれをやらない。次に出るべきなのは我々メディアだ。我々は現場に駆け付けて書くことで給料をもらっている。社会を壊さないよう、取材して書く義務がある。いつもカウンターに前面に立ってもらうのは申し訳なく、メディアとして恥ずかしい。彼らは交通費も自腹でやっているのに、我々がやらなければ記者としての存在意義が問われる」

社内勉強会

石橋記者はいつも最前線でヘイトに対峙《たいじ》している。カウンターが集まらない、無告知の街宣に偶然出くわした時には、一人で差別者に抗議している。石橋記者の孤軍奮闘する背中を見て、私のように後発組の記者が入ってきてはいるものの、差別に対して全メディアが反対し、押さえ込むという流れにはなっていない。

私はまず社内で仲間を増やそうと、二〇一九年四月に勉強会を開いた。共同通信労働組合に頼み、記者やデスクを集めて労組主催の「ヘイト問題研修会」を開いた。ヘイト問題に詳しい師岡《もろおか》康子弁護士を講師に招き、私も取材のポイントを話した。

師岡弁護士は「差別との戦いのために果たす報道機関の力は非常に大きい。報道が偏見を広げる一翼を担ってしまう危険性もあることを認識してもらい、一緒に闘ってもらいたい」と呼び掛けた。私も「ジャーナリストが矢面に立ってヘイトスピーチを批判すべきで、堂々とカウンター側に立って報道していい」と語った。石橋記者の受け売りだが。

一方で、あるデスクから「いつも角南記者とカウンターに対する考え方が合わない」という指摘がされた。「暴力的な言動によるカウンター行為は、手弁当であれば正当化されるのか。相手がどれだけおかしくても、暴力的に止めるという手段をどう考えるべきか」という問題提起だった。

師岡弁護士は、カウンターが暴力を使うのは誤解だと否定した上で「ヘイトデモが在日コリアンの集住地区に入って『朝鮮人出て行け』と言うのは、死ねと言っているのと同じ。それはどうにかして止めざるを得ない。カウンター自身、暴力という手段に出れば刑事規制の対象となることを覚悟した上でやっている。それはそれで意義があることだと思う。改善の余地はあるが、マイノリティの集住地区に入って直接傷つける行為は、最優先で止めなければいけない」と応じた。

こうしたメディアの現状では、まだ当分は、ヘイトを止めるのにカウンターの力に頼ることになる。

差別扇動表現

ヘイトスピーチをメディアは「憎悪表現」と直訳することが多いが、誤解を生みやすい言葉で、間違いだ。

例えば「日本ヘイト」「反日ヘイト」という言葉が使われることがある。在日コリアンや在日中国人、あるいは日本人が「日本批判」や政権批判をした場合などに、「日本・日本人に対するヘイトスピーチ」の意味で使われる。だが、ヘイトスピーチは多数派から少数派への差別や差別をあおる表現を指す。マイノリティからマジョリティ、マジョリティ同士の批判・中傷は当てはまらない。「憎悪表現」ではこれが伝わりにくく、あり得ない「日本ヘイト」なる言葉が生まれることになる。

ヘイトスピーチ解消法は、第二条でこう定義している。

> 専ら本邦の域外にある国若《も》しくは地域の出身である者又はその子孫であって適法に居住するもの（以下この条において「本邦外出身者」という。）に対する差別的意識を助長し又は誘発する目的で公然とその生命、身体、自由、名誉若しくは財産に危害を加える旨を告知し又は本邦外出身者を著しく侮蔑するなど、本邦の域外にある国又は地域の出身であることを理由として、本邦外出身者を地域社会から排除することを

煽動《せんどう》する不当な差別的言動をいう。

「適法に居住する」など余計な条件も入っているが、法はヘイトスピーチを外国出身者とその子孫への侮辱などに限っており、法的に日本で「日本・日本人に対するヘイトスピーチ」は存在しない。だが元々、ヘイトスピーチとは外国人差別だけに限ったものではない。

師岡弁護士は著書『ヘイト・スピーチとは何か』（岩波新書）などで、こう定義している。ヘイトスピーチとは「人種、民族、性などのマイノリティに対する差別に基づく攻撃を指す」。そして外国人差別に使われる場合は「『人種的烙印《らくいん》の一形態としての攻撃』であり、標的とされた集団が『取るに足りない価値しか持たない』というメッセージ」で、それ自体が「言葉の暴力である」として、「差別扇動表現」の和訳が適当だと指摘している。

ポイントは二つだ。①自分の努力では変えられない属性を理由とされ、②差別に基づいて攻撃、中傷、脅迫されること、差別をあおること。つまり、声の大小や表現の汚さなどは関係ない。マイノリティが傷つく表現がヘイトスピーチだ。

ヘイトの現場はどこか

ヘイトスピーチ問題を取材する現場は、何も街頭デモや集会、インターネットの差別書き込みだけに限られない。差別の背景を探っていくと、政府の政策に行き着く。

七年八カ月にわたった第二次安倍政権下では、日韓・日朝関係の悪化に伴い、在日コリアンへのヘイトスピーチが過激化した。朝鮮学校の教育無償化からの除外や、元徴用工問題への政府対応で「ヘイトが助長された」と考える関係者は多い。菅義偉《すがよしひで》氏に政権が引き継がれた後も、この不安は変わらない。

安倍政権発足三日目の二〇一二年一二月二八日、下村博文《はくぶん》文部科学相は「朝鮮総連（在日本朝鮮人総連合会）と密接な関係があり、拉致問題が進展していない」と、朝鮮学校を高校無償化から除外する方針を発表した。「日本から出て行け」などと民族差別をあおるヘイトスピーチが激しくなったのもこの頃だった。他の外国人学校は無償化の対象で、国連各機関は差別的政策と認定し、民族教育を受ける権利を定めた子どもの権利条約などに違反すると、繰り返し政府に是正勧告した。

広島朝鮮初中高級学校（広島市）の李昌興《リチャンフン》校長は「幼保無償化からも朝鮮学校は排除された。私たちにとって暗黒時代だ。在日朝鮮人、特に子どもたちへの差別を政府が先頭に立ってあおっている」と憤る。差別根絶こそが政府の役目であるはずなのに。

日韓関係も最悪の時代だ。戦前に植民地だった朝鮮半島から日本に動員された元徴用工らによる訴訟で、韓国大法院（最高裁）は二〇一八年、日本企業に賠償を命じた。安倍晋三首相は「あり得ない判断」と猛反発。菅義偉官房長官ら閣僚も韓国批判を繰り返した。韓国政府に問題があるとの声も多いが、日本政府は植民地支配の責任を否定し、一方的に韓国を「反日」と決めつけ偏見を生み出したと言える。

こうした政策の問題をあぶり出し、的確に批判していくことも、反差別の報道だ。ヘイトの現場は永田町や霞《かすみ》が関《せき》にもある。報道機関は差別根絶のために力を尽くさなければならない。しかしまずは、街頭でのヘイトを取材した経験から、問題をあぶり出していきたい。

第二章　ヘイトの現場から

二〇一六年にヘイトスピーチを「許されない」と明記したヘイトスピーチ解消法が施行され、禁止規定や罰則はないものの、社会に広く「差別＝悪」の図式が行き渡った。法を受けて条例を整備する自治体も出始めた。それでもなくならないヘイト行為に対応するため、川崎市は一九年一二月、全国初となる刑事罰を備えた条例をつくった。全面施行されたのは二〇年七月一日だ。

二〇二〇年七月、川崎駅前

「君たちのようなレイシスト（人種差別主義者）がいるために日本がレイシストだらけだと思われて迷惑しているんですよ。日本のためを思うなら早く家に帰ってください」

その日、ＪＲ川崎駅前であったヘイト街宣の様相は、それまでとは少し違った。二〇二〇年七月一二日の午後、ヘイトスピーチを繰り返してきた排外主義団体「日本第一党」の最高顧問ら関係者約二〇人が街頭宣伝を行った。差別に反対し、街宣に抗議するため集ま

JR川崎駅前（2020年7月12日）

ったカウンターは約一〇〇人。日本第一党に対して冒頭のように丁寧に説教することはあったが、差別演説を聞こえなくするよう大音量で妨害し、激しく糾弾し、相手をひるませてヘイト街宣の音をかき消し、なきものにする「無効化」と呼ばれる手法はとらなかった。カウンター側も、演説内容に耳を澄ませていたように見えた。それには理由があった。

　川崎市では、七月一日に全国で初めてヘイトスピーチに刑事罰を科す条例（「川崎市差別のない人権尊重のまちづくり条例」）が全面施行されたばかり。施行後に初めて、条例に挑むように告知された街宣に対し、カウンターはいつもの「無効化」をしなかった。それは、川崎市の職員約一〇人が、カウンターの内と外から演説内容を記録していたからだった。行政による監視活動が、これまでの駅前のヘイト街宣の様相を変えていたのだ。

ヘイト側の約二〇人は、警察が設置した鉄柵の中に押し込められた。たくさんの日の丸や旭日旗を手に、「朝鮮学校は国家保安法違反」と書いた幟《のぼり》を持つ人もいる。国家保安法は韓国の法律だ。朝鮮学校を貶《おとし》める意図は明らかだが、デマであるし、意味がよく分からない。それでも朝鮮学校関係者には大きな精神的ダメージだ。

「神奈川新聞」は後日、「韓国籍の同胞が数多く通っていることからも明らかなように、朝鮮学校は反国家団体ではなく、同法に違反するという事実はない」との横浜大韓民国総領事のコメントを紹介している（七月一七日）。

ヘイト側ゾーンから、五メートルほどの緩衝地帯を挟み、カウンター側にも鉄柵が設置された。その外側、駅を利用する人たちのために設けられた通路から「レイシスト、帰れ！」と大声で叫んだカウンターの男性に、私服警察官が駆け寄ってきた。抗議は通路ではなく鉄柵内でやれとでも言うのだろうか。観察していると、警察官は「マスクしてね」

と男性に注意していた。新型コロナウイルスの感染対策だ。拍子抜けした。

条例の網をかいくぐる

日本第一党の最高顧問、瀬戸弘幸氏はマイクを握り「私の演説がヘイトスピーチかどうか、市に判断してもらいたい」と前置きをして演説を始めた。ナチズムの信奉者で、ホロコースト（ユダヤ人虐殺）の事実を「戦勝国によるプロパガンダだ」と否定する、根っからの人種差別主義者・歴史改竄主義者だ。内容は「川崎市にも不法滞在の外国人がいる。その人たちに帰れというのがヘイトにあたるのか」という趣旨で、短い演説だった。交代で一〇人近くが演説したが、明確にヘイトと断定できる内容は聞き取れなかった。

それでも、埼玉県から抗議に駆け付けた在日コリアン三世の男性（五二歳）は「聞いている限りヘイトと呼べる文言はなかったが、外国人は生活保護で優遇されるなどの在日特権デマがあり、朝鮮学校を貶める幟もあった。全体として外国人排除の内容だった。条例の網をくぐるやり方だ。これではどう対処できるのか難しい」と憤った。

ヘイト問題をずっと追っているジャーナリストの第一人者、安田浩一氏も取材に来ていた。街宣終了後にコメントを求めると「弁士の一人一人が『ヘイトスピーチはしません』とか『ヘイトかどうか判断してみろ』とか発言していて、条例をかなり意識していた。ヘイトがないことは良いことなので、市民と行政がここまで彼らを追い詰めたと言える」と条例の効果を評価した。

その上で、こうも語った。「これまで差別発言を繰り返してきた差別主義者の活動家がここに集まるだけで、在日コリアンは警戒しないわけがないし、地域にとっては大きな恐怖だ。日本社会に亀裂を生じさせている張本人たちが集まり街宣することは止められない。今後も市民と行政が抗議し追い詰めていくしかない」。そう、マイノリティにとっては、彼らが駅前に集まるというだけで、駅に近づけなくなる。行動が制限される人たちがいるのだ。

ヘイト側が意識していたように、行政の監視がつくことは大きな進歩であり、差別主義者にとって大きな圧力だ。警察も、カウンター側にかなり配慮していた。しかし、ヘイトスピーチを犯罪とする条例を持った川崎市でも、ヘイトを繰り返してきた差別主義者の街宣自体を止めることはできない。どうすればいいのか。やはり、これまで通り、カウンターが出動して無効化するしかないのだろうか。

どっちもどっち?

「無効化」とは、行政も警察も法律もヘイトデモやヘイト街宣を止めない中で、長年抗議活動を続けてきたカウンターが現場で編み出し、確立させていった手法だ。ヘイトスピーチを聞かせないようにするのが主目的で、「今ここでレイシストが活動している」と周囲に知らせて近づかないよう注意喚起し、「私たちが差別に反対していますよ」と抗議をアピールすることで、被差別者を孤立させないという機能もある。

トラメガ(トランジスタメガホン)や大声で「レイシスト帰れ、レイシスト帰れ」と大人数で大々的にコールを続けたり、口汚くののしってやる気をそいだり、調べておいたヘイト側の個人名を連呼してひるませたり、スピーカーから警告音を流したり。中指を突き立てて喧嘩《けんか》を売り、ヘイト側を熱くさせることもある。しかし私が一番好きなのは、「笑点」のテーマ曲を大音量で流すカウンターだ。殺気漂うヘイトの現場に、独特のおちゃらけたメロディが流れると、膝の力が抜けてしまう。旭日旗を担いだ集団が、お笑い集団に見えてくるのが不思議だ。他にも、ヘイトスピーチ解消法の条文をアナウンスする音声を流す人もいる。

また、「ヘイトスピーチ許さない」「レイシストは恥を知れ」などさまざまなプラカードや横断幕、旗を持ち、ヘイト側の姿を隠す。反ファシズム・反差別の世界的運動「ANTIFA」の黒旗や赤旗も振られる。こうしたカウンターが、ヘイト側より圧倒的に多い人数で取り囲むことが大切だ。

カウンターは、ツイッターなどで誰かが呼び掛け、それに応じて自発的に参加する人がほとんど。CRAC（対レイシスト行動集団）のような組織もあるが、緩やかだ。みんな休みの日を利用して手弁当で駆け付け、時にはヘイト側や警察とのトラブルになることも恐れず、差別を何とか止めようと体を張る人たち。本当に頭が下がる。ヘイト側は、カウンターを「朝鮮人」だと決めつけるが、一応、念のために書いておくと、ほとんどが日本人だ。

無効化の様子を見た人はギョッと驚く。いったい何が起きているのか、向こう側に日の丸や旭日旗を持った集団がいるようだが、よく見えない。警察もたくさんいて、手前に大勢の人たちがプラカードやトラメガを持って大音量で騒いでいる。ヘイトデモとカウンターに「どっちもどっちじゃん」と第一印象を持つ人が大多数なのは仕方がない。中には、「ヘイトやってる側は、警察から道路使用許可取ってやってるんでしょ。それを妨害したら表現の自由の侵害じゃないの」とカウンターを批判する人もいる。初めてヘイトの現場を取材する記者たちも、「どっちもどっち」と思ってしまう人が多いようだ。

しかし、カウンターが駆け付けて「無効化」をしなければ、ヘイトが垂れ流しになってしまう。ヘイトが放置されれば、マイノリティは息を殺して暮らし、社会に差別と偏見がはびこり、地域社会が分断され破壊される。マイノリティやミックス・ルーツの子どもたちは、自分の存在に肯定感を持てず、自信を失う。だからカウンターはどうしても必要だ。だが、現場を一見するだけでは、そうした背景まで考えが及ばないだろう。「差別は駄目だけど、表現の自由の侵害も憲法違反だ」と知ったような口をきいてしまうことになる。それは差別に加担することなのに。

ヘイトデモと警察

かつては、日の丸や旭日旗を掲げながら「死ね」「殺せ」と口汚くののしりながら練り歩くヘイトデモが、ヘイトスピーチのイメージだった。憎悪表現という翻訳も手伝って、口汚くののしる言葉がヘイトだというイメージが広がった。確かに、その頃のヘイトデモは醜悪だった。二〇一三年頃がピークだ。あまりに印象深いデモ光景に、その年には「ヘイトスピーチ」が流行語大賞のトップテンにも選ばれた。

在日コリアンら被害当事者が声を上げ、日本人も声を上げ、弁護士が告発し、カウンターが活躍し、ジャーナリストや政治家たちがヘイトの醜悪さを伝え続けたこともあり、今こうした「分かりやすくののしる」形のヘイトは少ない。二〇一六年にヘイトスピーチ解消法ができたのも大きかった。しかし、解消法は禁止条項も罰則もない「理念法」で、ヘイトを止めるまでには至っていない。

ずっとヘイトデモを追ってきた安田浩一氏の『ヘイトスピーチ――「愛国者」たちの憎悪と暴力』（文春新書）には、ひどかった頃のデモが克明に記録されている。

二〇〇九年一二月、新大久保。「韓国人をぶっ殺せ、しめ殺せ」「朝鮮人は首をつれ、毒を飲め」などと叫び、あるいはプラカードを掲げながら、デモ隊がコリアタウンを練り歩いた。二〇一三年二月には、日本最大のコリアン集住地域である大阪の鶴橋で差別街宣があった。駅前で女子中学生が「いつまでも調子に乗っとったら、南京《ナンキン》大虐殺じゃなくて、鶴橋大虐殺を実行しますよ！」「実行される前に、今すぐ戻ってください！　ここはニッポンです。朝鮮半島ではありません。帰れー！」とマイクを握って叫んだ。

問題なのは、その発言内容ももちろんだが、警察に許可された街宣であるということだ。地域の人たちが「やめさせてくれ」と涙を流して頼んでも、警察官は一顧だにしない。それどころか、街宣を妨害する人を排除し、逮捕するのだ。差別主義者たちは警察に守られた安全地帯から、ヘイトスピーチを楽しんだ。警察は憲法が定める「表現の自由」「集会の自由」に基づき、許可されたデモや街宣を守ることに集中した。

だが、ヘイトスピーチを「表現の自由」と言えるだろうか。ヘイトデモに出くわしたマイノリティは、あまりのショックに反論することもできず固まってしまう。何も悪いことをしていないのに、属性をもって「死ね」「出て行け」「クソチョンコ」などと言われて、反論できるだろうか。ヘイトはマイノリティに沈黙を強いる。ヘイトは対等な立場での議論ではなく、社会的な力関係、圧倒的な人口差を背景に、マジョリティがマイノリティを一方的に攻撃する暴力だ。

この暴力を守った結果、警察は差別に加勢、加担した。差別を受ける側にとって、これほど絶望的な光景はない。日本人市民にとっても「なぜこんな奴《やつ》らを警察は守るのか」と憤る人がいる一方で、「警察が守るのだから正当なんだろう」と思う人がいても不思議ではない。

しかもヘイトスピーチは、その場限りのものではない。ヘイト団体は必ず動画を撮っており、インターネットにアップする。動画に付く無数の差別コメントで、ヘイトデモ・ヘイト街宣が称揚されていく。これでヘイトスピーチの完成だ。

ヘイトクライム

ヘイトスピーチはすでに犯罪性を帯びているが、はっきりと犯罪であれば、ヘイトクライムと呼ぶ。憎悪犯罪と翻訳されることが多いが、やはりこれも「差別に基づく犯罪」

「差別を動機とした犯罪」と訳すべきだろう。

当時、ヘイトの実行主体は多くが「在特会」（在日特権を許さない市民の会。「在日特権」などないので、会の名前自体がデマであり差別）か、その元会員や関係者たちだった。

二〇〇九年一二月から一〇年三月にかけ、会員らが京都市の京都朝鮮第一初級学校を三回にわたって襲撃した事件は、ヘイトスピーチ、ヘイトクライムの極めつけと言える。ジャーナリスト中村一成氏の『ルポ　京都朝鮮学校襲撃事件――〈ヘイトクライム〉に抗して』（岩波書店）に詳しい。

「北朝鮮のスパイ養成機関、朝鮮学校を日本から叩き出せ～」「こらチョンコ」「お前ら道の端あるいとったらええんや」「スパイの子どもやないか」「キムチ臭いねん」――。在特会メンバーたちは、突然学校に集まり、子どもたちが授業を受けている校舎に向けて大音量で叫び続けた。児童も教師も、今でもトラウマに悩まされている。「朝鮮人って悪いことなん」と親に聞いた子もいたそうだ。

学校側が刑事告訴し、京都地裁は二〇一一年、威力業務妨害などの罪で在特会メンバーら四人に有罪判決を出した。民事訴訟では一四年、「人種差別にあたる」として在特会側に約一二〇〇万円の損害賠償と学校周辺での街宣禁止を命じた二審大阪高裁判決が確定した。ただ、有罪判決を受けた者たちは、その後もヘイトデモを繰り返した。

一九二三年の関東大震災での朝鮮人虐殺にさかのぼるまでもなく、人を殺《あや》めるヘイトクライムは現代でも起きている。一九九七年一〇月、愛知県小牧市で、日系ブラジル人の少年エルクラノさんが集団リンチを受けて死亡する事件が起きた。

小牧市では当時、日本人の少年グループとブラジル人の少年グループによる対立関係があった。エルクラノ君はどちらのグループとも関係を持っていなかったが、ブラジル人であることを理由に拉致され殺された、明確なヘイトクライム、差別犯罪だった。小牧駅前で日本人グループに捕まり、公園でリンチを受けたエルクラノ君は駅員にすがり助けを求めたが、駅員も、これを見ていた通行人も、トラブルを無視した。

二〇一八年二月には、東京都千代田区の朝鮮総連中央本部の正門に銃弾が撃ち込まれるヘイトクライムが起きている。右翼活動家二人が現行犯逮捕された。うち一人は、「鶴橋大虐殺」発言をした女子中学生の父親だった。

事件直後、ツイッターには「義挙を支持する」などと称賛する書き込みまで現れた。人権団体などが、政府に厳格な態度表明を求めたが、結局、政府は事件についてコメントを出さなかった。ヘイトクライムが起きれば即座に「許さない」とコメントを出すことが、社会の安心につながる。政府が無視したことで在日コリアンは「事件が容認されているような雰囲気が怖い」と危機感を募らせていた。

無名の市民によるヘイトクライムが相次いだのは、二〇〇二年に朝鮮民主主義人民共和国（北朝鮮）が日本人拉致を認めた時だ。朝鮮学校の女子生徒の制服が切られたり、駅のホームから突き落とされそうになったり、唾を吐かれたりした。

エルクラノ君が求めた助けを無視した日本社会と、朝鮮総連銃撃を無視した日本政府。無名の市民による犯行の多発。私たちは、未曽有のヘイトクライムだった関東大震災の反省と教訓を全く生かせていない。

標的の町

「死ね」「出て行け」と大々的に叫ばれる醜悪なヘイトデモが横行していた時代は過ぎたものの、ヘイトデモ・ヘイト街宣自体はなくならない。かつて「死ね」「出て行け」と叫んでいた連中が行動を起こすというだけで、マイノリティにとっては恐怖でしかない。文言が多少ソフトになっただけで、「帰れ」「出て行け」という排除型のヘイトスピーチ、「ゴキブリ」「支那人」という侮辱型のヘイトスピーチは、全くなくなっていない。解消法では定義されていないが、「外国人は生活保護で優遇されている」などのデマ型のヘイトスピーチも根強い。

ＪＲ川崎駅近くでヘイトデモが繰り返されるようになったのは二〇一三年頃からだ。一五年一一月には、デモ隊が在日コリアンの集住地域である桜本地区の近くまで迫った。この時は多くのカウンターや住民が集まり、行く手を阻んだ。一六年一月の二度目のデモは、桜本を通るコースを警察に届け出ていたが、カウンターや住民が抗議し、路上にシットインして進行をふさぎ、Ｕターンさせている。地方から東京社会部に赴任した私がヘイト問題の取材を始めたのは、この頃だった。

多文化共生

川崎市は、住民の約三パーセント（二〇二〇年九月現在）にあたる約四万五〇〇〇人が外

路上にシット・インしてヘイトデモを止める人たち、川崎市川崎区（矢部真太撮影、2016年1月31日）

国籍だ。中国、フィリピン、ベトナムなど、在日コリアンを含めさまざまな国の住民が暮らす。二〇〇五年には全国に先駆けて「多文化共生社会推進指針」を設け、共生社会の実現に取り組んできた。

「多文化共生」とは、日本人と他の民族が仲良く暮らすという意味ではない。ましてや、フィリピン料理を食べたりアラビア語で自分の名前を書くなどの、上っ面の国際交流とも違う。どの民族も、その民族の言語、習慣、アイデンティティを失わず、外国人が外国人として尊重され生きることだ。人々の意識だけで達成できることではなく、行政の具体的な施策が必要だ。川崎市はそこに踏み込もうとしている先進自治体だった。

川崎市川崎区の桜本には、歴史的に在日コリアンが多く住む。一九一〇年に日本が朝鮮半島を植民地にすると、多くの朝鮮人が貧困状態に陥り、職を求めて日本へ渡った。労働者とその家族は川崎市臨海部の工業地帯にも集まり、第二次世界大戦中は徴用工も動員された。戦後、南北に分断された朝鮮半島の混乱などから、多くが日本にとどまらざるを得ず、この街で子孫を増やし、在日コリアンの集住地域を形成していった（神奈川県国際交流課や川崎市市民局が発行する資料による）。

「ずっと漢字が分からなかったけど、今は駅で『横浜』も『東京』も読めて、どの電車に乗ればいいのかが分かる。識字学級のおかげだよ」。在日一世の女性（七六歳）は涙ぐみながら、真新しい本をなでた。本は二〇一九年一月に出版された、在日コリアン一世ら女性一六人による文集『わたしもじだいのいちぶです』（日本評論社）だ。

一六人は、桜本にある交流促進施設「ふれあい館」で約三〇年前から続く識字学級で学んでいる。識字学級の生徒の多くは、戦前から日本に住む在日コリアンの女性だ。現在は日系ペルー人や日系ブラジル人もいる。差別を受けたり、学校に通えなかったりと、社会に翻弄され続けた彼女らが、その半生を飾り気のない筆致でつづった。

文集の出版お披露目会で女性らは「老いてやっと勉強でき、ここまで書けた。必死に生きてきた気持ちを知ってほしい」と話した。

ふれあい館は一九八八年に川崎市が設立した。コリアンをはじめとする、地域に暮らす外国人と日本人の交流を促進するための公共施設。建設当時に反対運動をしていた地元の日本人でさえ、その後のふれあい館の活動を見守り、今では「桜本の宝だ」と誇っている。そんな施設だ。

二〇一九年二月には、桜本にある市立小学校と朝鮮学校の児童が合同で、キムチ漬けの体験授業を行った。指導するのは地域の在日一世の女性たちだ。白菜に真っ赤なたれを塗り込みながら、市立小の男児が「ぼくのおじいちゃんは韓国人なんだ」と話すと、友人らは「すげー」と反応する。自然な形でカミングアウトが起こり、お互いの違いを尊重できる、多文化共生が根付いた地域だ。この町に通うたびに幸せな気分になる。

法律をつくり、デモを止めた町

「共生の街に亀裂と分断が持ち込まれる」「コリアンルーツの若者たちの心が傷ついている」。桜本がヘイトに狙われるようになると、危機感を持つ市民らが抗議行動を続け、地元の神奈川新聞もヘイト反対の論陣を張った。二〇一六年、ヘイトスピーチ解消法が国会で審議されている最中には、参院法務委員会に所属する与野党の国会議員が桜本を視察した。深刻な被害が報告され、同年五月の解消法成立への原動力になった。

象徴的な出来事が続いたのは、六月三日の法施行前後だった。

在日コリアン排斥を訴える団体によるデモ申請に、川崎市は五月三〇日、「不当な差別的言動から市民の安全と尊厳を守る」として、市が管理する公園の使用申請に対して不許可の回答をした。

行政に続いて司法も動いた。横浜地裁川崎支部は六月二日、ヘイトスピーチを「表現の自由の範囲外だ」との画期的な判断を示した。仮処分決定は、ヘイトスピーチについて「もはや憲法の定める集会や表現の自由の保障の範囲外であることは明らか」と指摘。「人格権の侵害に対する事後的な権利の回復は著しく困難である」として、桜本でのヘイトデモの事前差し止めを認めた。

しかし、神奈川県警は法施行当日の六月三日、団体がデモのために川崎区を諦めて中原区の道路を使用する申請を出したところ、これを許可した。五日にはデモが実施されたが、参加者の数十倍の抗議者が駆け付け、デモは途中で中止となった。警察が現場でデモ主催者に「これ以上は危険だから解散しろ」と命じたのだ。警察もまた、結果的には法の理念を生かしたと言える。

公共施設利用のガイドライン

川崎市が「市民を守る」として公園使用を不許可にした判断は、解消法の理念が生かされた成果だった。市がこの時の経験から、「行政が恣意的に許可、不許可を判断しないように」と二〇一八年三月に施行したのが、公的施設でのヘイトスピーチを事前規制するためのガイドラインだ。京都府と共に全国に先駆け運用が開始された。

ガイドラインでは、警告、条件付き許可、不許可、許可取り消しの四段階の規制を定めている。①差別的言動の恐れが具体的に認められる「言動要件」、②他の利用者に迷惑を及ぼす危険がある「迷惑要件」の両方を満たす場合、不許可、許可取り消しという規制ができると規定した。京都府ガイドラインでは、①と②のいずれかに該当する場合に使用制限を行うことができるとした。

すると、ヘイト団体はガイドラインに挑むように、市の公共施設を借りた講演会を開くようになった。

二〇一八年六月三日、解消法の施行から二年となる日。ヘイトを繰り返してきた日本第一党の関係者でつくる団体が、川崎市教育文化会館で講演会を開こうと集まった。これに抗議するカウンター数百人も会場前に集まり、現場は大混乱となった。何とか会館に入った参加者が、カウンターに対して「ウジ虫、ゴキブリ、日本から出て行け」と発言した。ヘイトスピーチだ。

地元の在日コリアンや日本人でつくる市民団体「ヘイトスピーチを許さない かわさき市民ネットワーク」（市民ネット）はこの日までに「差別が起きてからでは遅い」と、不許可を求め続けていた。しかし、市は団体の過去の言動やネット上の主張などを調査した上で「ガイドラインの要件に合致しない」と判断し、利用を許可したのだ。その結果、差別発言を含めた集会当時の様子を収めた動画がインターネット上に投稿され、誰もが閲覧できる状況になった。

同様のガイドラインがある京都府の担当者は、行政判断の難しさを指摘した。「客観的な事実に照らし、集会でヘイトスピーチが行われると具体的に、明らかに予測されれば制限できる。それでも、表現の自由、集会の自由を不当に侵害することのないよう、慎重な運用が必要だ」と説明する。

川崎市の担当者も「ガイドライン適用のハードルは高い」と打ち明ける。団体がヘイトを繰り返した過去は判断材料の一つになるが、例えば施設利用申請に「ヘイトはしない」と書かれていた場合、施設利用を断ってもいいのか。行政は判断に苦しむのが現状だ。

「差別は許されないが、表現の自由を定めた憲法を侵害する恐れがあり、規制は難しい」という意見は、ヘイト規制の議論では頻繁に出てくる。

ヘイトシティーの汚名

ヘイトスピーチ解消法案の国会審議中に、ある自民党議員が「法は行政が判断する時の指針。訴訟となれば司法の場で判断される」と述べた。言い方を変えれば、まずは自治体がヘイトを規制し、訴えられた場合も判例を積み重ね、解消法を補完していくという考え方だ。こうした司法判断や考え方に基づけば、川崎市をはじめとする行政は、表現の自由との間で「板挟み」にならずに済むのではないか。

川崎市の集会では、大混乱する現場で神奈川県警が警備に当たった。ある警察官は、個人的見解と断った上で「どういう立場で警備に当たるべきか、判断が難しい。どう警備しても ヘイト側、カウンター側の両方から抗議を受ける」と私に打ち明けた。「警察も行政も市民も判断しやすい法律が必要だ。ヘイトを野放しにすれば日本国のレベルを下げる」。現場ではこのように考える警察官もいる。

講演会の直後に事件が起きた。市内の公園のベンチや橋の欄干、柵など数十カ所に、差別落書きが見つかったのだ。「朝鮮人こそレイシスト」「朝鮮人こそ反日ヘイト」。差別に立ち向かっていたはずの川崎市で差別が横行する事態。ネット上には「ヘイトシティー川崎」と揶揄《やゆ》する書き込みも見られた。市は器物損壊容疑で県警に被害届を提出。犯人はまだ捕まっていない。差別に基づいた器物損壊というヘイトクライムがなされる公園で、安心して子どもを遊ばせられるだろうか。地域がどんどんヘイトによって破壊されていく。

不許可にできない市

半年後の二〇一八年一二月にも、この団体は同じ市教育文化会館で講演会を企画した。川崎市は半年前のヘイトスピーチ「ウジ虫、ゴキブリ、日本から出て行け」を「不適切な発言」と認定していたため、ガイドラインを発動するかどうかが注目された。

しかし、結果は「不許可」ではなく、一番軽い「警告」にとどめ、会館利用を許可した。ガイドラインに基づく初の行政指導だったが、四段階の利用制限の中では最も軽かった。

不許可を求めていた「市民ネット」は、「警告は半歩前進だが、残りの半歩で市は差別に加担した」と反発した。市民ネットは講演会前の一一月、市役所を訪問し「告知段階で差別表現が拡散し、被害が始まっている」として、四万人超の署名をつけて不許可やガイドラインの改正、差別禁止条例の早期制定を申し入れていた。

記者が会場に入って講演会を取材した限りでは、明確なヘイトスピーチはなかった。しかし、講演会でヘイト発言がなくても、講演会を告知するブログには「在日が支配する暗黒」など憎悪や偏見をあおる表現があった。

二〇一九年二月に企画された講演会にも、市は再び警告を出し、利用を許可した。この時も、講演会を告知するブログで、日本第一党の瀬戸氏がＪＲ川崎駅前での街頭宣伝で「川崎市においては在日コリアンがどんな犯罪を行っても処罰されることは一切ない」などとデマと差別を述べる様子を収めた動画が公開されていた。

講演会自体はおとなしく済ませ、ネットの告知で、街頭宣伝の動画を流す。先駆的に制定された川崎市のガイドラインの限界が浮き彫りとなっていた。

二月の講演会終了後、会館の豊田一郎館長は記者会見を開き、警告とした理由を説明した。


Ｑ（記者）　主催者のブログの内容を確認したか。

Ａ（館長）　確認した。その上で、団体からヘイトスピーチは行わないという確約を得て判断した。

Ｑ　ブログに警告の根拠となる文言はあったのか。

Ａ　個々の案件はコメントしない。

Ｑ　具体的に根拠を明示できない理由は。

Ａ　市として総合的に判断した結果だ。ヘイトスピーチをやりますという文言があれば警告では済まないだろう。むしろブログには（ヘイトにあたる文言が）何もなかった。しかし昨年六月の不適切発言の例があり、ヘイトスピーチの可能性がゼロではないから、警告を出した。

Ｑ　ブログの動画にあった「朝鮮人は処罰されない」という発言はヘイトではないのか。

Ａ　市としては（ヘイトでは）ないと判断している。

市はブログの内容を把握した上で、結論を出していた。ただ、その根拠は「総合的に判断した」という分かりにくいものだった。

川崎市には、専門家で構成する市長の諮問機関「ヘイトスピーチに関する部会」がある。その部会長を務める人権問題に詳しい阿部浩己《こうき》・明治学院大教授（国際法）に聞いた。阿部教授は「差別的言動は複雑かつ巧妙で、何がヘイトにあたるのか、市だけで判断するのは難しい。専門家の知見を生かしてほしい」と諮問機関に聞いてほしいと強調した。

市は「警告」を出すにあたり、部会を招集しなかったのだ。それはガイドラインの構造上の問題がある。ガイドラインでは、市が「不許可」と判断した後に部会を招集し、諮問を経て不許可を最終決定する仕組みになっている。つまり、市が警告と決めてしまうと、部会自体が開かれない。

阿部教授は、他にも重大な問題点があると話す。「言動要件」と「迷惑要件」の両方を満たさないと利用を制限できない点だ。川崎市と同時期につくられた京都府のガイドラインは「どちらかに該当する場合」としており、適用のハードルが低い。迷惑要件で川崎市は「警察でも防げない暴力沙汰」を想定している。「そうした事態は考えにくい。ヘイトの危険性がどんなに高くても、この迷惑要件はガイドラインを作った目的を自ら否定するもの」と指摘する。ガイドラインはそもそも、抜けない刀だったのだ。

なぜターゲットとされるのか

多文化共生が息づく街がこれ以上蹂躙《じゅうりん》されていいのか。神奈川新聞はヘイト批判を積極的に続け、カウンターに集うよう呼び掛ける記事まで載せた。桜本の在日コリアンたちも、職場への嫌がらせやネット上での差別・中傷を受けても諦めずに声を上げ続けた。ガイドラインが機能しない矛盾を抱えた川崎市はヘイト禁止条例を準備し、市議会でも条例を求める声が高まった。まさに行政、議会、市民、メディアによる「オール川崎」での反差別運動だ。

反差別の声の高まりに挑むかのように、排外主義を唱える団体は街頭宣伝や講演会を繰り返した。神奈川新聞本社前で石橋学記者の名を挙げて街頭宣伝をし、抗議を続ける在日コリアンの顔写真をブログに載せ、攻撃した。

この街がここまで「目の敵」にされるのは、在日コリアンの集住地域という理由だけではもはや説明できない。ヘイト団体は「反差別の象徴となった川崎を突破できれば、日本全国で差別が可能になる」と考えているはずだ。全国各自治体で反ヘイト条例を準備している市町村に取材すると、担当者はみんな「川崎はどうなっていますか」と聞いてくる。最前線・川崎は全国から注目されていた。

ヘイト禁止条例を求める声の背景には、執拗《しつよう》な差別に「行政が盾になって市民を守って」「公園使用を不許可にした姿勢はどこに行ったのか」との思いがあった。ヘイトシティーの汚名返上には、何よりも行政の努力が求められる。ヘイトに向き合う在日コリアンの女性はこう話した。「差別が繰り返される川崎で、差別を禁止し終わらせる本気の条例が今、求められている。私たちは市を信じ、応援し続ける」。こうした声が、川崎市条例を作る原動力となった。ガイドラインではヘイトを止められなかったのだ。

京都「襲撃一〇周年記念」

川崎市と同様のガイドラインを定めた京都ではどうか。観光客でにぎわう京都市の繁華街で二〇一九年三月九日、異様な光景が展開されていた。「ごみはごみ箱に、朝鮮人は朝鮮半島に」。拡声器で明白なヘイトスピーチを叫びながら練り歩くたった一人の男を、一〇〇人以上の警察官が取り囲むように付き添って歩く。周囲には「差別をやめろ」と抗議する大勢のカウンターが詰めかけたが、警備に阻まれて近づけない。まるで警察がヘイト男を守っているかのようだった。

男は二〇〇九年の京都朝鮮学校襲撃事件の参加者で、威力業務妨害罪などで有罪判決を受けた。この日のデモは事件から一〇年を「記念する」と銘打ったものだ。反省のかけらもない。

京都市は二〇一八年六月に、京都府にならってヘイトを未然に防ぐため、公共施設の貸し出しを不許可にできるガイドラインを定めていた。しかし、この日のデモは止められなかった。

カウンターや市民団体は、ガイドラインを適用し、デモの出発地点である円山《まるやま》公園の使用を不許可にするよう市に求めた。しかし、円山公園は集会会場ではなくただの出発地点のため、男が市に使用申請する必要がなく、市は申請が出されていないため不許可にもできない。

市国際化推進室の森本幸孝課長は取材に「デモの許可は京都府公安委員会が出しており、市として介入は難しい。解決策を見いだせていないという点では、行政にも責任はある」

と述べた。その上で「憲法が集会の自由、表現の自由を定めており、集会やデモを規制するハードルは高い。啓発は自治体でやるが、規制には国が統一した見解を示してほしい」と国の取り組みを求めた。

朝鮮学校前

二〇一九年五月には、東京都北区のＪＲ十条駅前でヘイト団体の街宣があった。近くにある朝鮮学校の児童や生徒がちょうど下校する時間帯が狙われた。男女二人がマイクを握り、北朝鮮や朝鮮総連、朝鮮学校の批判を展開した。

平日の午後だったが、カウンター数十人が集まり「通学路でヘイトをするな」「子どもは関係ないだろう」と二人に詰め寄った。混乱を見守っていた通行人の男性（八二歳）に話を聞くと「今どき、大きな顔して差別なんて。たくさん警察がいるのに、なぜ止めないのか。朝鮮学校の生徒は礼儀正しいよ。差別は間違っている」と憤った。

仕事を休んで抗議に駆け付けたという男性会社員（四五歳）は「かつて『殺せ』とヘイトスピーチをやっていた人たちが、今でも堂々と街頭で宣伝をしているのは、マイノリティにとって恐怖でしかないし、日本人から見ても異常だ。私たちカウンターではなく、警察や行政が止められる仕組みが必要ではないか」と話した。

二〇二〇年五月には、新型コロナウイルスの感染が拡大しているにもかかわらず、同じヘイト団体が東京都小平市の朝鮮大学校前で街宣を強行した。入学式の日を狙ったものだったが、入学式は感染対策で延期されていた。カウンター数十人が抗議し、「無効化」した。

コロナ禍があぶり出す差別

二〇二〇年に入り、新型コロナウイルス感染が日本でも拡大すると、感染者や医療従事者、外国人などへの差別が頻発した。

三月、横浜市中区の横浜中華街の複数の店に、「早く日本から出ていけ」と中国人を中傷する手紙が届いた。感染が始まったのが中国であり、中華料理店を忌避する動きが高まり、横浜に入港した大型クルーズ船で感染者が増加する中、中華街は閑散としていた。そこに追い打ちを掛けるような差別だった。

さいたま市は三月、幼稚園や保育園へマスクを配布する際、朝鮮学校の幼稚部を対象から除外した。学校側が抗議し、市の差別的な施策が報道されると一転、配布が決定された。しかし、学校には「国へ帰れ」「ただでは済まさない」などと脅迫メールや電話が殺到した。

政府が打ち出した全国民への一律一〇万円給付をめぐっては、国会議員による差別発言が波紋を広げた。自民党の小野田紀美《きみ》参院議員が「『日本国籍を持つ成人』が絶対にして唯一の条件」などとツイッターに投稿した。明確な人種差別だ。総務省はその後、住民基本台帳に記録されている定住外国人も給付対象だとの方針を発表したが、ネット上に「外国人への支給大反対」といった書き込みがあふれた。

大阪市の「部落解放・人権研究所」は五月、オンラインで「新型コロナ差別を考える」と題したシンポジウムを開催。全国の差別事例が報告された。

「反差別・人権研究所みえ」（津市）の松村元樹事務局長は、感染者の家に石が投げ込まれたり、「コロナ女」とネットに書き込まれたりした事例の他、中国人が感染源として中傷されるなど、多くの深刻な実態を紹介した。「ハンセン病市民学会」（大阪市）の内田博文共同代表（九州大名誉教授）は、かつて官民がハンセン病患者を捜し出し隔離した「無らい県運動」が、現在の差別をあおる「自粛警察」の動きに似ていると指摘。「コロナ禍で、さまざまな人権侵害が起きている。差別禁止法がなく、自粛下で、さらに人権侵害事件の相談態勢が弱くなっている」と話した。「日本HIV陽性者ネットワーク・ジャンププラス」（東京）の高久陽介代表は「差別は駄目という啓発で人の心が変わるのを待つのでは、被害者にとっては地獄が続くだけだ」として、差別を禁止する法整備を訴えた。

日本にはヘイトスピーチ解消法、部落差別解消推進法、障害者差別解消法の「人権三法」に加え、アイヌ施策推進法などがあるが、包括的に差別を禁止する法律がない。第六章で詳しく述べたい。

「選挙ヘイト」を追跡

ヘイトスピーチ解消法の成立過程では想定されていなかった新たな課題も見えてきた。「選挙運動の自由」を盾に取り、候補者らが街頭で公然と差別発言をする「選挙におけるヘイト」がそれだ。

二〇一九年四月の統一地方選では、法務省や警察庁が直前に「選挙運動の自由があるからといって、人権侵害を安易に許してはならない」との立場を初めて鮮明にした。法務省は三月一二日、「被害申告があれば適切に判断し、対応するように」と全国の法務局に通知。自治体の選挙管理委員会にも送られた。警察庁も三月二八日、都道府県警に「虚偽事項の公表や選挙の自由妨害など、刑事事件として取り上げるべきものがあれば対処する」との異例の通知を出した。

通知を出した背景には、在特会元会長が結成した排外主義政策を主張する日本第一党の存在がある。二〇一六年、在特会の桜井誠元会長は、東京都知事選に出馬。街頭演説で中国人や韓国人へのヘイトスピーチを繰り返した。

その桜井氏が党首の日本第一党は、二〇一九年の統一地方選で各地に計一二人を擁立した。在特会関係者の中には、別の政治団体から出馬した人もいた。

日本第一党はカウンターに妨害されるのを嫌ってか、遊説場所を事前に公開しない。普通なら有権者に訴えるために公開するものだが、メディアにさえ明かさない。その代わり、遊説の動画はツイッターなどで宣伝していた。

投票前日の四月二〇日。桜井氏と日本第一党の新宿区議候補が新大久保のコリアタウンで街宣をするのではという情報が入り、カウンターに緊張が走った。私もコリアタウンの入り口で待ち受けることにした。しかし、なかなか選挙カーは現れない。カウンターたちも捕捉できないでいるようだった。そこにカウンターの一人から連絡が入る。「新宿駅南口で街頭演説を始める模様」。ヘイトを追ういつもの仲間たちである神奈川新聞の石橋学記者、毎日新聞の後藤由耶《よしや》記者と合流し、急いでタクシーを飛ばした。

夜のとばりが下りたJR新宿駅前は、駅から煌々《こうこう》と白い光が歩道に伸びていた。演説が始まると、駆け付けたカウンター数人が「選挙を差別に利用するな」と書かれたプラカードを手に近寄った。これに対し、候補者は「あそこにいるのはチンピラ」「レイシストだとレッテルを貼られ、妨害を受けている」などと演説、緊張した空気が流れた。桜井氏は記者たちに向けて「選挙妨害だ」などとわめいたが、演説はしなかった。候補者は、外国人への生活保護支給を疑問視する横断幕を掲げたものの、明確なヘイト発言をすることはなく演説を終えた。

この日は選挙運動の最終日。「マイク納め」の午後八時まで、まだ一時間弱残っている。

このまま最後に新大久保へ向かうのではないか。選挙カーが移動を始めると、石橋、後藤両記者と共に再びタクシーに乗り込み、追跡した。選挙カーは新宿周辺をぐるぐる回りながら、候補者名を連呼するだけ。結局この日、日本第一党の選挙カーはコリアタウンに向かわなかった。ヘイトスピーチがなかったのは良かったが、いったい何のために出馬したのか。当選圏からほど遠いところから、お得意の差別街宣を封じてまで本気で当選しようと考えていたのだろうか。

カウンターの市民らは、インターネット上でも活動し対抗した。過去に差別発言をし、それを撤回しないまま立候補している候補者の氏名を挙げ、ツイッターなどで「ヘイト候補落選」を呼び掛けた。街頭演説の予定も調べ、周知した。結局、第一党は全員落選。ただ、「NHKから国民を守る党」などから出馬した候補者には、落選運動で名指しされながら当選した人もいた。

統一地方選後、法務省の担当者に、今回の通知の効果を取材した。しかし、「特定政党への予断を生じさせる恐れがあり、現時点では公表しない」と、相談件数などを明らかにしなかった。一方、選挙直後の参院法務委員会で警察庁の田中勝也審議官は「それぞれの現場で状況を見ている。現時点で統一地方選でのヘイトスピーチに対する検挙はない」と述べた。法務省や警察庁は、通知した時のやる気とは正反対の対応だった。

ヘイト候補に一八万票

統一地方選から一年後、またも選挙ヘイトが繰り返された。二〇二〇年七月五日投開票の東京都知事選。小池百合子氏の再選確実と見られた選挙だが、再び桜井誠氏が出馬した。日本第一党の事務所に電話しても、相変わらず遊説日程を教えてくれない。「第一声は何時にどこでやりますか」と聞いても「コロナの影響もあるので、ネット街宣を中心にします。基本的に公開しません」とのことだった。しかし告示日の六月一八日、桜井氏は港区の中国大使館前へ向かい、選挙カーの上でマイクを握った。ゲリラ街宣で、記者もカウンターも現場に居合わせることができなかった。街宣の様子はすぐに第一党のサイトに掲載された。非常に醜悪で不快な演説だ。

桜井氏は中国の蔑称「支那」を連呼し、世界保健機関（WHO）がやめるよう勧告している「武漢肺炎」の呼称も連呼した。「武漢肺炎をまき散らした支那中共政府に怒りの声を共に上げよう」と扇動し、「支那人は一〇万円で簡単に人を殺す」などと中国人を中傷した。

また、大使館から出てきた外交官ナンバーを付けた車に向かって「おい、支那人のねえちゃん、答えてみいや」「普通だったら石投げられて、車燃やされて当たり前なんだよお前ら」と暴言を吐いた。さらに、矛先を沖縄県の玉城デニー知事に向け「支那の工作員」とも発言した。こんな人物が都知事になろうとしていたのだ。

ヘイトスピーチにあたるのではないか。東京都はヘイトスピーチに対応するための人権条例も定めている。都庁へ取材に向かった。しかし、都庁の反応は鈍い。都選挙管理委員会の佐藤竜太選挙課長は取材に「ヘイトかどうかは都人権部が判断し、違法であれば警察が摘発する」と説明し、「基本的に選挙運動は自由だ。選管が介入する権限はない」と答えた。

それではと、次に人権部へ向かった。宮沢夏樹担当課長に尋ねると「選挙であろうとヘイトスピーチは許されない」との立場を表明したものの、桜井氏の発言については「ヘイトかどうかを判断するのは都条例に基づく審査会だ。都独自で封殺はできない」とし、各部局とも具体的な対応に踏み出さなかった。

都が実施したのは、立候補する各陣営への事前説明の際に、法務省が発行する「ヘイトスピーチ、許さない」のチラシを手渡しただけだった。

桜井氏は前回都知事選を上回る一七万八七八四票を獲得した。ネットの反応を見ていると、得票を伸ばすのではないかという予感はあった。しかし、ヘイトスピーチは許されないという社会常識も徐々に高まっているはずだとも考えていた。選挙結果を見て、差別主義者を支持する都民がこんなにもいるのかと思うと、目の前が真っ暗になるようだった。

止める難しさ

専門家は「選挙へイト」をどう見るのか。龍谷大の金尚均《キムサンギユン》教授（刑法）は「桜井氏の演説内容はひどいが、ヘイトスピーチと言い切れるか、政治的批判なのかは微妙だ。ただ、玉城知事への発言は名誉毀損罪や侮辱罪にあたる可能性があり、その場合は親告罪なので、玉城氏自身の告訴が必要となる。いずれにしても、現場で演説を止めさせるすべは、現状ではない」と説明した。

ヘイト問題に詳しい関西学院大の金明秀《ミヨンス》教授（社会学）にも聞いた。「桜井氏の発言は地域社会からの排除を扇動しており、明白なヘイトスピーチだ」と指摘する。その上で、選挙でのヘイトを止められないのは日本だけの問題ではないと言う。「多くの国で課題となっているが、実効性ある対策は取れていないのが現状だ」。

対策として必要なのは、政府による注意喚起や、メディアが差別主義者を他の候補者と公平に扱わないこと、市民が臆せずに抗議することだという。「日本でも少しずつ実践されてはいるが、演説を止めるにはいたらない」と難しさを語る。

「差別が犯罪だという認識が日本には乏しい。まずは差別禁止法が必要ではないか」と述べ、禁止規定や罰則のないヘイトスピーチ解消法の限界性を指摘した。

二〇一六年に成立・施行された解消法をもってしても、ヘイトスピーチは全くなくならない。被害にいつ法制度が追い付くのか。路上だけでなく、特にひどいのはネット空間のヘイトだ。

第三章　ネット上のヘイト

ヘイトスピーチ解消法が成立して二〇二一年五月二四日で五年となるが、特にインターネット上のヘイトは跡を絶たない。匿名での好き勝手な投稿が野放しの状態だ。特に災害時や緊急事態時には必ず差別投稿が相次ぐ。差別やデマの投稿は、緊急事態をさらに混乱に陥れる。ネット上の差別が現実世界での暴力（ヘイトクライム）にエスカレートすることだってある。そうした事態を防ぐためには、平時から差別投稿を防ぎ、消していく仕組みが必要なはずだが、できていないのが現状だ。

二〇二〇年春の新型コロナウイルス感染症による緊急事態の中では、ネット上で芸能人の死去を中国人のせいにしたり、朝鮮学校へのマスク配布報道に「出て行け」というコメントが付いたりと、やはり差別が目立った。

志村けんさん死去で中国人差別

コロナ感染が広がっていた三月一一日、共同通信は「マスク配布、朝鮮学校を除外　さいたま市、再考を表明」というニュースを配信した。これを「共同通信ヘイト問題取材班」のツイッターアカウントで紹介すると、炎上と言える速度でリツイート、リプライ（返信）が続いた。多くが朝鮮学校にはマスクを配布しなくてもよいという排外主義の書き込みだった。記事が掲載されたヤフーニュースのコメント欄にも同じく差別投稿が殺到した。「出て行け。目障り」「文句があるなら日本に住むな」など、在日コリアンへの危害や排除を扇動する危険な言葉が並んだ。

当初はマスク配布対象から除外された埼玉朝鮮初中級学校幼稚部の朴洋子《パクヤンジャ》園長は「何か問題が起こるたびにヘイトスピーチを受ける構図は、法律ができた後も変わらない。法の精神が社会に浸透していない」と肩を落とした。

「配布除外は差別だ」と、さいたま市への批判の書き込みもたくさん寄せられた。結果、さいたま市はマスクを配布することになった。感染リスクに民族の差はない。

三月三〇日には、タレントの志村けんさんのコロナウイルス感染による死去が報じられた。するとツイッターでは「殺したのは中国人」「中国人を殺せ」など、感染発生地となった中国への憎悪や暴力をあおるヘイトスピーチが広がった。

ツイッターには問題のある書き込みを報告する仕組みがあり、いくつかは報告を受けて削除された。削除はツイッター社任せなのが問題で、なぜか差別に反対するカウンター側のアカウントが凍結されたり制限されたり、差別に反対している書き込みが削除されたりすることもある。ＡＩが間違って判断しているのか、人間が恣意的にそうしているのかは分からない。ツイッター社任せにするのではなく、人権問題の専門家でつくる第三者機関が判断する仕組みが必要だと言える。

ツイッター社に抗議

「ツイッター社は差別投稿を即刻削除せよ」。東京・京橋のツイッター・ジャパン社の前では、抗議行動も起きた。二〇二〇年六月の土曜日、ツイッターでの呼び掛けに集まった市民約一〇〇人が声を上げた。

私は取材に行けなかったが、神奈川新聞の石橋学記者は「在日コリアンなどのマイノリティーを迫害し、暴力を誘発する危険な差別投稿が横行しているとして、（略）ヘイトツイートの削除やアカウント停止などの対応を求めて声を上げた」と書いている。

参加者の声として「憎悪を広めるヘイトスピーチを放置すれば民族虐殺にも行きつく。暴力に加担していることを自覚し、企業倫理としてあり得ないと思い知る必要がある」「米国ではトランプ大統領のツイートに警告が発せられるようになった。日本でも著名人や政治家だろうと公正に扱うべきだ」「差別に厳しく対処してこそ公正な運営といえる」などの声が紹介されている。

プロバイダー責任制限法

ヘイトスピーチ解消法はヘイトスピーチを「許されない」と明記するものの、強制力はない。差別や中傷、脅迫、名誉毀損などの書き込みをされた被害者や第三者が、ツイッター、フェイスブック、インスタグラムなど会員制交流サイト（SNS）やユーチューブなどの動画サイト、ブログ、掲示板や、接続業者（インターネットサービスプロバイダー）に削除を求めても、判断はそれぞれの業者任せで、放置されるケースが多い。

削除されてもされなくても、投稿した人（発信者）の責任を問うには刑事告訴や損害賠償請求が必要になる。しかし、警察が匿名の投稿者を捜査して特定してくれなければ、プロバイダー責任制限法（プロ責法）に基づいて被害者が相手を特定しなければならない。まずはＳＮＳ側に記録保存と記録開示を要請し、その記録を基にプロバイダーや携帯電話キャリアに発信者情報の開示を求めることになる。開示されてやっと、氏名と住所が判明する。

しかし、ＳＮＳやプロバイダーなどネット事業者が応じてくれず、訴訟になることが大半だ。なぜなら、こうした仕組みを定めているプロ責法は、表現の自由を担保するため、裁判によらない場合にネット事業者が「開示しなくても」責任を免除しますよ、という法律だからだ。私が考えるのは、場合によっては逆に「開示しても」免責にしますよという法律にすべきではないか、ということだ。

とにかく、勝訴して初めて投稿者が誰か分かり、やっと警察や裁判所に訴えることができる。被害者にとっては証拠集めや弁護士費用など精神的、時間的、金銭的負担はかなり大きく、結局はほとんどが泣き寝入りしてしまうことになる。

この構図はヘイトだけでなく、個人に対するネット上での誹謗《ひぼう》中傷も同じ。二〇二〇年五月二三日に二二歳で死去した女子プロレスラーの木村花さんも、出演していたリアリティー番組での言動が原因で、ＳＮＳで中傷を受けていた。木村さんの死去を機に、ネット上の表現について議論が盛り上がり、政府はあわててプロ責法の改正に本腰を入れ始めた。

改正よりも新法を

総務省は二〇二〇年四月に設置した「発信者情報開示の在り方に関する研究会」で議論を始めた。プロ責法を改正し、請求手続きの簡素化や開示情報を拡大する方針だ。まず八月に省令を改正し、開示できる発信者情報に電話番号を加えた。

それまでは、開示されるのは氏名や住所、メールアドレスなどに限定していた。電話番号が分かれば、弁護士法に基づいて、弁護士の申し出により弁護士会が電話会社に発信者の住所氏名を照会できる。手続きが簡素化されたわけだ。

続いて二一年二月にはプロ責法改正案が国会に提出された。ネット事業者を訴えなくても、被害者の申し立てに基づいて裁判所が発信者情報開示の可否を判断するという、新たな裁判手続きの創設が柱だ。

省令と法の改正により、訴訟の手続きを簡素にし、被害者の負担を減らす狙いだ。しかし、これで十分ではない。被害者が訴える前に、ネット事業者が自発的に差別投稿を削除する仕組みが必要だ。被害者にとって必要なのは、何よりもまず、迅速な削除だ。裁判手続きの簡素化ではなく、裁判を経ない削除だ。

ヘイト問題に詳しい師岡康子弁護士や研究者らでつくる研究会は、削除をネット事業者任せではなく専門家による第三者機関が判断する仕組みを入れた新しい法律案をまとめた。「インターネット上の人権侵害情報対策法モデル案」だ。差別的言動や名誉毀損、プライバシー侵害を「禁止事項」として明記し、ネット事業者には四八時間以内の削除を義務付ける内容だ。被害者が裁判を経ずに救済される仕組みとなっている。削除された側の異議申し立ての仕組みもある。

国会でも議論が始まっている。議員立法だったヘイトスピーチ解消法の発議に加わった議員らでつくる「人種差別撤廃基本法を求める議員連盟」などが、モデル法案を基に新法づくりの議論を始めている。

ドイツは制裁金六〇億円

規制のモデルは海外にもある。ナチスのホロコースト（ユダヤ人大量虐殺）への反省から、ドイツではヘイトに刑法が適用される。また、SNSに関しては、フェイクニュースによる国外からの選挙干渉や難民へのヘイトを背景に二〇一七年一〇月、「ネットワーク執行法」が施行された。

明白な違法投稿についてSNSに二四時間以内の削除を求めるもので、制裁金は最高五〇〇〇万ユーロ（約六〇億円）と高額だ。

刑法が専門でヘイトスピーチの法的規制を研究する龍谷大の金尚均《キムサンギュン》教授は「ドイツでは二四時間以内の削除によって被害を最小限にできるが、日本は制限時間がないのが問題だ」と解説する。その上で、「SNSなどの管理者責任を明確にする法整備が必要だ。まずは国が、EUのようにSNSと行動準則を結ぶ制度をつくるべきだ」と訴える。

ネット上の差別規制は、「本音と建前」の日本文化があるからこそ、日本では必要性がいっそう高いと指摘する。「日本では『差別はいけない』という建前があるので表では普通の人は差別発言はしない。しかし、ネットでは匿名であることもあり、建前が通用せず、本音が出る」というわけだ。「一度書き込むと何十億人が見る可能性があり、ネットは公共の場という認識を持つべきだ」と話す。

匿名だからばれないと思って、安全なところから差別書き込みを楽しむ差別主義者たち。攻撃を受けた人の痛みだけではない。被害者と同じ属性を持つ人も「目立つことをすれば、私もこうなるかもしれない」と巻き込まれるのを恐れ、行動を自粛する。ネットを見ないようにする。本名を名乗るのを躊躇《ちゅうちょ》する——。ネットで「表現の自由」を悪用する差別主義者によって、「表現の自由」を制限されるマイノリティがいる。基本的人権を守るために何が必要なのか、こうした視点から考える必要がある。

李信恵《リシネ》さんの闘い

匿名の差別書き込みをした人にどう責任をとらせるか。加害者の罪を問うには警察に訴えて刑法を適用してもらう必要があるが、大半は処罰されていないのが現状だ。警察や検察が犯罪として立件しないのであれば、裁判所に訴えることになる。しかし被害者が尊厳回復のために民事訴訟を起こしても、裁判で被害を追体験して苦しむ日々が待っている。

刑事の壁と民事の負担。この二つを闘い抜いた大阪のフリーライター李信恵さんに、その過程を聞かせてもらった。

　京都駅近くのレストランで李さんと待ち合わせた。それまで何度か取材現場で会ったことがあるが、インタビューするのは初めてだ。京阪電車が途中で止まったらしく、約束の時間に少し遅れてやってきた李さんは、カウンター団体「ＣＲＡＣ」の黒いパーカーを着て現れた。写真も撮りたいと伝えると「ええけど、顔はスリムに加工しといてや」と笑った。凄惨な差別攻撃を受けて苦しみ、ストレスで左耳の聴力も失っている。しかし、人前ではいつも明るく振る舞う元気な女性だ。

「良い朝鮮人も悪い朝鮮人も追い出そう。李さんは殺《や》ろう」。ヘイトと李さんを名指しする殺害予告がツイッターに投稿されたのは、二〇一三年二月のことだった。

刑事の壁

　李さんはライターとして、また正義感の強い在日コリアンとして、ヘイトデモが起き始めた当初から現場に駆け付け抗議や取材をする中で、さまざまな中傷や脅迫を受けていた。その中で、「李さんは殺ろう」という直接的な殺害予告に恐怖を感じ、大阪府警に相談した。府警は、書き込んだ東京都の男性会社員を脅迫容疑で書類送検。しかし、検察は不起訴にした。

他の投稿についても府警に相談したが、なかなか取り合ってもらえなかった。担当刑事は李さんの必死の訴えに冷たかった。差別表現については「売り言葉に買い言葉でしょう」と相手にされず、「ブス、ババア」という女性に対する中傷には「あなたはかわいいから大丈夫」と言い放つ。「五寸くぎを送り付けよう」という投稿には「五寸くぎには殺傷能力がないから」と相手にされなかったという。

刑事告訴するために、パソコンに向き合って被害の実例を一つ一つ自分で集めるのは精神的にきつい作業だ。二次被害と言える。集めた証拠を警察に持って行き、説明しても相手にされなければ、三次被害だ。

刑事事件化の壁は高い。差別投稿が立件され、刑罰まで行き着いたのが判明しているのは、これまでに二件だけだ。

一件は二〇一八年一二月。川崎市に住む在日コリアンの男子高校生をネット上で差別、中傷したとして、川崎区検が侮辱罪で大分市の男（六六）を略式起訴し、川崎簡裁が科料九〇〇〇円の略式命令を出した。ネット上の匿名のヘイトスピーチが侮辱罪で処罰されたのは初めてだった。

男は少年の実名を挙げてブログに「悪性外来寄生生物種」などと書き込んだ。少年の弁護人は情報開示請求を通じて匿名の投稿者を特定し、川崎署に告訴していた。少年は「ひどいヘイトスピーチを見た時の恐怖やショックを忘れることができません。家族みんなが傷つきました」とコメントしている。高校生を相手に匿名で差別する六〇代の男。司法が投稿者を処罰した意義は大きいが、「九〇〇〇円払えばヘイトができるということか」と、受けた苦しみに比して軽い刑罰に批判の声も上がった。

もう一件は、年が明けた二〇一九年一月。沖縄県石垣市に住む在日コリアンの男性に対し、ネット掲示板に「在日朝鮮人の詐欺師」「イヌやネコを食べている」などと匿名でヘイトスピーチを書き込んだ男二人を、石垣区検が名誉毀損罪で略式起訴し、石垣簡裁が罰金一〇万円の略式命令を出した。

男性は八重山署に刑事告訴し、署は被疑者不詳のまま書類送検。検察が捜査を進めて男二人を特定した。名誉毀損罪は侮辱罪よりも罪が重く、ネット上のヘイトの処罰としてはこれも全国初だった。

民事の壁

李信恵さんは、時に淡々と、時に当時を思い出すのかじっくりと考えて質問に答えてくれた。取材を受けた後は眠れなくなるが、それでもできるだけ取材に応じるようにしているという。差別被害に遭う人を増やさないために。

二次被害、三次被害を受けながら相談してもなかなか動かない警察に失望した李さんは、民事訴訟を起こす決意を固めた。まとめサイト「保守速報」と、在特会の桜井誠元会長を相手取ったが、訴訟も苦痛の連続だった。

まず、「保守速報」の管理人を特定するのに時間を要した。自身への悪意に満ちた記事や発言の数々を証拠として集める作業も気がめいった。裁判が始まると、弁論でヘイトデモの映像を見た際は、過呼吸となって倒れた。被害を何度も何度も追体験することになり、体調を崩して左耳の聴力を失った。その間は仕事もできず、訴訟費用も重荷となった。

裁判所は判決で「人種差別、女性差別の複合差別」と認定し、「保守速報」に二〇〇万円、在特会側に七七万円の賠償を命じた。在日コリアンの女性であるという存在を見下して攻撃した卑劣さ。司法が女性差別を合わせた複合差別として認めたのは画期的だった。しかし、最高裁で確定するまで要した時間は、なんと四年四カ月。うれしさの半面、やり切れなさも感じたという。

この闘いは李さんと、代理人の上瀧《こうたき》浩子弁護士の共著『#黙らない女たち―インターネット上のヘイトスピーチ・複合差別と裁判で闘う』（かもがわ出版）に詳しい。

李さんは「被害者が納得できる刑罰や賠償額があって初めて差別を抑止できる」と話し、ヘイトスピーチ解消法の改正を訴える。ヘイト問題に詳しい東京大学大学院の明戸《あけど》隆浩特任助教（社会学）は「解消法に罰則を設けるのが望ましいが、まずは刑法を柔軟に適用し、事件化のハードルを下げられないか。差別に基づいた侮辱や名誉毀損、脅迫はヘイトクライムであり、通常より厳しい処罰が必要だ」と指摘する。

被害者の負担が大きい民事訴訟になる前に、まずはネット事業者が差別投稿を規制・削除する仕組みも不可欠だと強調し、「被害者より行政が前面に出るべきで、国は人権救済機関を設置してはどうか」と訴えた。

刑事の壁と民事の壁。被害者がここまでして闘わなければならないものか。やはり、当事者ではなく第三者が「差別投稿があります」「中傷書き込みがあります」と通報して、ネット事業者ではなく専門家の機関が違法性を判断して削除を要請し、ネット事業者が削除を判断する法制度が今すぐに必要だろう。

相次ぐヘイトツイート

ネット上での差別は、他にも枚挙にいとまがない。話題になった例をいくつか挙げてみる。

「属国根性のひきょうな民族」「在日一掃、新規入国拒否」——。二〇一九年三月に問題化したツイッターのヘイト投稿は、日本年金機構世田谷年金事務所の当時の所長が韓国人に対して書き込んだ。ツイッターユーザーたちが所長であることを突き止めた。所長は「軽率だった。好意的な反応があり、エスカレートした」と釈明したが、機構は「差別的な発言はあってはならず、極めて遺憾だ」と所長を更迭し、停職二カ月の処分にした。

四月の統一地方選では、立候補予定者二人の投稿が問題視された。三月と四月に候補者二人が「韓国のようなごろつき」などのヘイト投稿をし、立憲民主党は「到底容認できない」として公認を取り消した。

五月には、東京都内の空港リムジンバス会社の運転手と見られる人物が、中国人と韓国人を蔑称で呼び、「最初の停留所で日本人のお客さんが全員降りて残り物はチャイコロだけ、以降は無言を決めてやった」などとツイートした。この人物の差別的な投稿は、確認できただけでも三〇件以上あり、中には、運行時間に遅れないため車いすの乗客を乗せずに通過したと、障害者差別の投稿もあった。

これもツイッターユーザーらが問題視し、過去の投稿からバス会社を特定したとして、会社に通報した。会社側は私の取材に「調査の結果、うちの運転手かどうかは特定できなかった」と話したが、「通報を受けて社内に注意書きを掲示した。当社の運転手かどうかは特定できなかったが、点呼の際に、誹謗中傷や差別発言はしないように個別に注意した」と、ほぼ同社の運転手だと認めた。乗客の命を預かるバス運転手が差別主義者であれば、悪夢だ。

共同通信ヘイト問題取材班のツイッターアカウントにも、記事内容が気にくわないのか、差別的なリプライがよく付く。ひどいものはその都度通報するが、私でも読んでいると気がめいる。そういう差別リプに多くの「いいね」が付いていればなおさらだ。差別に反対するだけで、なぜ「反日」と決めつけられ、罵倒されるのか、理解に苦しむ。こうした経験から、マイノリティが受ける苦痛を想像しようと努めている。また、取材班のアカウントに付けられた差別リプは、次の記事で使用させてもらい、差別に負けない姿勢を示すようにしている。

崔《チエ》江《カン》以《イ》子《ヂヤ》さんの闘い

私は二〇一五年に東京本社の社会部に異動してから、本格的にヘイトスピーチ問題に取り組み始めた。ヘイト・反ヘイトの主戦場は第二章でも触れた、川崎市。そこで差別と闘いながら激しい差別を受けていたのが在日三世の崔江以子さんだった。

崔さんがヘイトデモに抗議する姿がメディアで広まると、ネットで崔さんに対する個人攻撃が始まった。顔写真や名前をさらされ「祖国に帰れ」「ゴキブリ」などと、ありとあらゆる差別・中傷を受けた。職場に脅迫や嫌がらせの手紙、電話が相次ぎ、ゴキブリの死骸が送りつけられたこともあった。未成年の子どもまでネットにさらされた。当時、崔さんの名前をグーグルで検索すると数百万件もの結果が表示された。中には崔さんの行動を報じた記事も多いが、差別投稿がすぐに目についた。

差別主義者たちの標的にされた崔さんも李信恵さんと同じく、左耳の聴力を失っていた。後にそのことに気付いた時、私はショックを受けたが、それよりも子どもまでも差別に巻き込む差別主義者たちのことが心底許せなかった。女性ばかりが狙われるというのも許せない。少ない時でも週に一回は崔さんに会うくらいの頻度で私は川崎・桜本に通った。崔さんは、心配して電話を掛けても、必ずこちらが話し出す前に私や家族の健康を心配して聞いてくる、心優しい女性だ。

崔さんからネット上の差別、中傷について相談を受けた法務省は一六年一〇月、崔さんや家族を中傷したツイッターやユーチューブ、ブログの書き込みを削除するよう、ツイッターやグーグルなど運営会社に要請。いくつかがネット上から削除された。しかし新たな投稿もどんどん続く。いたちごっこだった。何よりもまず削除する仕組みがなければ、傷口はどんどん開いていく。

法務省の要請により削除が進んだことに、崔さんは「国が動いてくれているので希望を持てている。諦めないでよかった」と話す。ただ、法務省が削除要請したのは崔さん個人を標的にした書き込みだけだった。法務省人権擁護局の担当者は「『朝鮮人』など多数の人を対象にしている場合、どう対応できるか検討中だ」と話した。ここにも限界がある。

「極東のこだま」を立件

書き込みには、自身だけでなく、崔さんの家族への危害をほのめかすものもあった。最もひどいヘイトツイートは「極東のこだま」というアカウントの匿名による二〇一六年二月〜二〇一七年一一月の一連の投稿だった。

「極東のこだま」は「すぐそばに住んでいる」と崔さんの近所に住んでいることをほのめかし、「チョーセンはしね」「ナタを買ってくる予定。川崎のレイシストが刃物を買うから通報するように」などとツイート。ほぼ毎週、週末になると崔さんへの嫌がらせと脅迫、在日コリアン差別のツイートを一年半以上にわたって繰り返した。

崔さんは投稿を見て、じんましんやめまいなどの症状が出るようになり、医師からストレスが原因だと診断された。たまらず警察に相談し、警察が自宅付近を定期的にパトロールするようになった。警察は「子どもと一緒に出歩かないで。外で子どもに会っても他人のふりをしてください」「表札を外してください」「外にある傘立てに子どもの名前が書いた傘を立てないで」などとアドバイスした。一人の匿名のヘイトツイートによって、日常生活がこのように破壊されたのだ。

崔さんは「玄関から一歩出たら子どもと別々に歩き、バスでも離れて座った。道端で会った息子が私に気付いて、手を振ろうとしたけど、アッと我慢した時の表情が忘れられない。早く安寧な日常に戻りたい」と話す。なぜ被害者がこんな暮らしを強いられなければならないのか。

ネットで脅してくる見知らぬ人間が、すぐそばで見張っているかもしれないという恐怖心。崔さんはメディアを通して顔を知られている。近くのコンビニに行くのも恐怖だった。死にたいと思った時期もあったが「脅せば黙るという、差別主義者の成功体験を許すわけにはいかなかった」と、二〇一六年八月、刑事告訴に踏み切った。

不起訴と新たな告訴

捜査には時間がかかったが、神奈川県警は「極東のこだま」が神奈川県藤沢市に住む池田茂幸氏（五〇歳）と特定し、二〇一七年一二月に自宅を家宅捜索した。近所に住んでいることをほのめかしていたが、実際には約三〇キロ離れた県内の在住だったわけだ。ここで差別・中傷のツイートは止まった。県警は一八年五月、池田氏を脅迫容疑で書類送検した。

代理人の師岡康子弁護士は「警察が告訴を受理して匿名のヘイトスピーチ投稿者を特定し、脅迫容疑で書類送検したのは珍しい」と評価した。崔さんはこの時の記者会見で「差別を楽しむ人たちによって、家族の生活が犠牲になった。生きるのを諦めたくなったことや、投稿されたことが現実に起こるのではと考えることもあった」と涙を浮かべながら振り返った。「匿名の投稿であっても、特定されて刑事責任が問われるようになってほしい。男性が処罰され、社会の正義が示されることを願う」と訴えた。

在日コリアンという出自を理由に、家族との暮らしが犠牲になった不条理。検察の処分

司法記者クラブ（東京）で記者会見する師岡康子弁護士（左）と崔江以子さん（2019年12月27日）

に期待したが、横浜地検川崎支部は二〇一九年二月、池田氏を不起訴とした。

「ツイッターの投稿を相手が見ているとは限らない。脅迫罪の成立は困難」という検察の判断だった。しかし、崔さんは実際に投稿を見て警察に相談をしている。「極東のこだま」の投稿は、崔さんの名前に毎回ハッシュタグ（検索目印）を付けて、目に留まりやすいようにもしていたのだ。不起訴処分は不当だ。

師岡弁護士や崔さんは諦めない。不起訴を受けて、次の手を打った。執拗なヘイト投稿で名誉を傷つけられたのは神奈川県迷惑防止条例違反だとして、新たに横浜地検に告訴状を提出したのだ。師岡弁護士は「一連の投稿が崔さん一家を追い詰めた。無罪放免は納得できない」と強調した。

罰金三〇万円

崔さんを追い詰めた「極東のこだま」こと池田氏の行為がやっと犯罪と認められたのは、二〇一九年の暮れだった。告訴から三年半がたっていた。川崎区検は一二月二七日、迷惑行為防止条例違反の罪で略式起訴。川崎簡裁は罰金三〇万円の略式命令を出した。ヘイトスピーチに迷惑行為防止条例違反で刑事罰を科すのは初めてだった。

崔さんはこの日の記者会見で「長い三年半だった。匿名の書き込みでも加害者が特定され、刑事責任が問われることがようやく示された」と話した。この間、子どもと自由に連れだって歩くことさえできなかった。「奪われた時間は戻らない」と声を震わせた。標的とされた崔さんを、子どもは「必ずオモニ（お母さん）の被害に法が追い付く」と励ましてくれていたという。「安心してネットを利用できるよう、被害を止められるよう、法が追い付くことを望む」と話した。

師岡弁護士も「犯罪としての処罰は一定の抑止力になるが、被害のごく一部しか立件されなかった。差別自体を処罰する法整備が必要だ」と法制度の必要性を訴えた。

検察が立件したのは「民族性モロ出しの小賢《こざか》しさはムカつくぜ」「差別を楯《たて》にのうのうと暮らす在日朝鮮人を許さない。一切の権利を認めない」などの投稿四件だった。数百万件の検索結果のうち、三年半の時間を掛けて、犯行と認められたのは四件の書き込みだった。

NHKが差別扇動

報道機関、それも公共放送が差別をあおるという事件が起きた。NHK広島放送局が原爆被害を伝えるため二〇二〇年三月に開設したツイッターのアカウント「1945ひろしまタイムライン」の投稿の一部が、物議を醸した。敗戦直後に起きた出来事として「戦勝国となった朝鮮人の群衆」が「怒鳴りながら窓を叩き割っていく」などとツイート。「何の注釈もないまま朝鮮人の暴力的なシーンだけを描写し、在日コリアンへの差別をあおっている」と批判を浴び、炎上した。

NHKの前田晃伸《てるのぶ》会長は九月の定例記者会見で「公共メディアとしてはあってはならな

いこと」との見解を示した。しかし、投稿の経緯や意図はいまだ明らかになっておらず、ツイートを削除はしたが、そのままNHK広島放送局のホームページに転載。その後、二〇年一二月三一日にツイッターアカウントとホームページを全て削除し、八月一日〜八月一五日のツイートだけを別のホームページに移設した。問題となったツイートは、今では見られない。

ツイッターは「もし七五年前にSNSがあったら」という設定で始まった。原爆投下前後に書かれた実際の被爆者の日記などを基に、その日の出来事や思いを連日投稿し、新しい試みだと評判を呼んでいた。

問題となったのは、当時中学一年生の少年「シュン」として発信した六月一六日と八月二〇日のツイートだ。六月は「朝鮮人の奴らは『この戦争はすぐに終わるヨ』『日本は負けるヨ』と平気で言い放つ」。八月は「朝鮮人だ!! 大阪駅で戦勝国となった朝鮮人の群衆が、列車に乗り込んでくる!」「圧倒的な威力と迫力。怒鳴りながら超満員の列車の窓という窓を叩き割っていく」「あまりのやるせなさに、涙が止まらない」などと連投した。

これらの投稿には「横柄な民族なんて自然淘汰《とうた》されれば良い」などの差別コメントが相

次いで書き込まれ、NHKが差別を扇動した結果になった。オンライン、オフラインを問わず抗議が相次いだ。

広島放送局前では、市民有志による抗議行動が複数回あった。投稿の削除を求めるカナダの平和団体「ピース・フィロソフィー・センター」のブログには、被爆者のサーロー節子さんや平岡敬《たかし》元広島市長、秋葉忠利前市長ら三〇〇人以上が賛同者として名を連ねた。

在日本大韓民国民団（民団）中央本部人権擁護委員会などは九月、「投稿は民族差別を扇動する」として、広島法務局に人権救済を申し立て、後に広島放送局に直接申し入れもしている。在日本朝鮮人総連合会（朝鮮総連）広島県本部も一〇月、広島弁護士会に人権救済を申し立てた。

別の市民団体は、放送倫理・番組向上機構（BPO）の放送倫理検証委員会に、検証と審議を求める要望書を提出した。各団体は、投稿が人種差別撤廃条約とヘイトスピーチ解消法に違反していると指摘している。

実在のモデル

広島放送局はなぜこのようなツイートをしたのか。シュンのモデルとなったのは、広島市に住む被爆者の八〇代男性。投稿は男性の日記や手記、インタビューを基に、広島の高校生数人が創作している。

同局がツイッターと併せて運営するホームページには、投稿の基となった日記原文が掲載されているが、六月一六日の日記にはツイートに対応する内容はなく、八月二〇日は日記そのものが書かれていない。

一方、男性が二〇〇九年に出した手記を見ると「泥まみれの工事現場で彼ら朝鮮人たちは、平気で言い放っておりました。『この戦争はすぐに終わるヨ』『日本は負けるヨ』」「第三国人の一団が、圧倒的な威力と迫力で超満員の鈍行列車に割り込んで来たのです」など、それぞれ類似の記述があった。

「第三国人」は終戦後に広く使われていたが、旧植民地出身の朝鮮人・中国人（台湾人）を指した侮辱表現だ。前述したように、二〇〇〇年に石原慎太郎東京都知事が自衛隊駐屯地での式典で「不法入国した多くの三国人、外国人が」と発言し、国内外から批判を浴びたこともある。

男性は取材に「ＮＨＫからは『日記を基に投稿をつくる』と聞いていて、手記まで使うとは許可していない。ＮＨＫに抗議した」と話した。また、第三国人という言葉を使ったことに「差別の意図はなかった。当時はそう呼んでいた」と釈明した。ただ、意図がなくても結果的に差別の効果が生じている。男性は「ＮＨＫは投稿すべきでない内容を投稿してしまった。削除するのが当然だ」とも述べた。

幕引きにならない

モデルの男性までが削除を求めているのに、ＮＨＫはなぜ年末まで応じなかったのか。広島放送局はホームページに載せた文書で「戦争の時代に中学一年生が見聞きしたことを、十分な説明なしに発信することで、現代の視聴者のみなさまがどのように受け止めるかについての配慮が不十分だった」と説明した。今後は「必要に応じて注釈をつける、出典を明らかにするなどの対応を取り、配慮に欠けたり、誤解が生じたりすることがないように努めます」とし、一貫して削除には否定的な姿勢だった。

同局の広報担当者は「シュンのモデルとなった男性が差別意識を持っている方とは思っていない。当時の意識で書かれたものを現代風に手直しした」と説明。「関係者への個人攻撃を避けるため、投稿経緯をつまびらかにするのは難しい」と話した。NHKが守ろうとしているのは投稿する高校生や同局関係者たちであり、差別を受けた人々ではないように聞こえる。経緯や再発防止策を示さず、記者会見開催の要請にも応えていない。

NHKは二〇二〇年六月にも、国際情報番組「これでわかった！世界のいま」で米国の黒人が置かれた差別状況を説明するアニメが配慮に欠けていたと謝罪している。「黒人の描き方がステレオタイプで逆に差別を助長しそうだ」などと批判を受けた。反省が生かされていない。

同局は「1945ひろしまタイムライン」ブログの「舞台裏日記」と題したコンテンツに一〇月、在日コリアンの被爆者である李鐘根《イジョングン》さん、朴南珠《パクナムジュ》さんの記事を載せた。被爆と差別の実相を描き出す記事だ。「(シュンらの) 日記には記されていない『空白』をさまざまな証言や情報で埋め、多角的に広島を描きます」と意図を記している。

問題の投稿に対する謝罪もしないことへの言い訳としてこれらの記事を掲載したのだろうか。しかし、これでは幕引きにならない。

共同通信広島支局は、一連の問題をしつこく追った。ＮＨＫだけでなく、いつ自分たちの社が同じような差別をしてしまうか分からない。問題を報道するのは、自らを戒めるためでもあった。

弁護士不当大量懲戒請求事件

ネットにヘイトを書き込むだけでなく、ヘイトを垂れ流すブログの呼び掛けに応じた読者らが前代未聞の事態を引き起こしたのが「弁護士不当大量懲戒請求事件」だ。

弁護士の懲戒処分を、所属する弁護士会に求める「懲戒請求」が二〇一七年、計約一三万件も行われた。例年は多くても四〇〇〇件未満にとどまるため、数十倍の懲戒請求はかなり異例だ。

一三万件の大半は、ほぼ同じ内容の文面だった。各地の弁護士会が、朝鮮学校への補助金ストップに反対する声明を出したことを批判したものだ。弁護士会声明に反発するブログが懲戒請求を呼び掛けており、それに応じた人々が出したと見られる。

実は、各地の弁護士会に届いた請求は一三万件だけではない。他に八〇〇人以上から、各地の弁護士会に所属する弁護士全員の懲戒請求を求める書類も届いており、全部で数千万件に上るとも見られている。正確な数が不明なのは、日弁連が「懲戒制度の趣旨と異なる」として、この種の請求を取り扱わない方針を示し、集計されなかったためだ。

権力から独立した存在であるべき弁護士は、弁護士法で「品位を失うべき非行」があった場合に懲戒を受けると決めている。懲戒請求は誰でもできるが、所属弁護士会の懲戒委員会が調査することになる。品位を失う行為があったと認定されれば、除名や戒告などの懲戒を受ける。懲戒請求があっただけで、調査する弁護士会にも対象となった弁護士個人にも負担となる。

大量懲戒請求事件では、弁護士会の声明をめぐって弁護士個人の懲戒を求めているため、日弁連は取り扱わないことを決めた。

背景に朝鮮学校差別

問題の本質は、懲戒対象になるかどうかではない。朝鮮学校への差別が背景にあったのが問題だ。日弁連や東京、大阪両弁護士会などが二〇一六年、朝鮮学校への補助金停止に反対する声明を出した。これに対し、「余命三年時事日記」と題するブログが一七年六月頃から二一の弁護士会の弁護士名を掲載し、ブログ読者に懲戒請求をするよう呼び掛け始めた。

「違法な朝鮮人学校補助金支給要求声明に賛同する行為は、確信的犯罪行為」のため、懲戒を請求するという理由だ。「国連が（北朝鮮に）制裁決議をしている現状で、補助金支給を要求する団体はまさにテロリスト支援組織」との記述もあった。ブログ全体が差別意識というか、陰謀論、被害妄想のようなものに染まっている。二一年二月時点でも更新されている。複数の弁護士の名前を記して「懲戒請求書・告発書ダウンロードページ　保存・印刷してお使い下さい」と懲戒請求書のリンクを貼り、請求書には弁護士の名前と理由などを記していた。請求する者は印刷して自分の名前と住所を書き込み、郵送するだけだ。

懲戒請求された弁護士たちも黙っていない。業務妨害であるとして、請求者に対して続々と損害賠償を請求した。

東京の佐々木亮弁護士もその一人。「業務上の負担や精神的苦痛を受けた」として請求者を提訴した。佐々木氏は、実は弁護士会の声明に関わっていない。さらに、朝鮮学校の訴訟や活動にも参加していない。にもかかわらず、懲戒請求を受けていた。「余命ブログ」のいい加減さが分かる。

横浜市の嶋崎《しまさき》量《ちから》弁護士は、ツイッターで佐々木氏への懲戒請求がおかしいと言及した。すると、今度は嶋崎弁護士に対して五〇〇件超もの懲戒請求が届いた。

嶋崎弁護士は取材に「自分の考えと違う人、それに関わる人を攻撃することで、言論への萎縮効果を意図したものだ。朝鮮学校への差別も根底にある」と話した。

「余命ブログ」の信者たち

読者数百人を実際に懲戒請求に走らせる「余命三年時事日記」の動員力には驚く。独特の文章は非常に読みにくく、しかも長文だ。高齢の男性が書いているらしい。なぜこんなブログを信じて行動を起こしたのか、関東地方の男女二人に取材してみた。

指定された駅で、平日の午前中に待ち合わせた。やってきたのは三〇代の公務員男性。

こざっぱりした身なりの普通の青年だ。汗かきらしいのは私と同じ。少し気の弱そうな表情をしている。話を聞けそうなカフェを探し、入った。匿名を条件に取材に応じてくれた。男性は、弁護士たちが「損害賠償請求するぞ」と言い始めたのをニュースで見て怖くなり、「もしかしたら間違っていたのでは」と考え、余命ブログを批判するブログを読んでみた。そこで徐々に間違いに気付いたという。

「ブログを一種のカルト宗教のように信じてしまいました」。男性は私の質問にぽつりぽつりと答えてくれた。二〇一二年、民主党が政権を失った理由をインターネットで調べようと検索を繰り返しているうち、余命ブログを見つけたという。在日コリアンや野党が日本を崩壊させようとしているなどの内容が書かれていた。今ならば荒唐無稽だと分かるが、当時は真実と思い込んで徐々にのめり込み、毎日、更新されていないかと何度もチェックするほどの読者になった。

ブログが二〇一五年頃から署名活動や寄付などを呼び掛け始めると、「世の中の役に立ちたい」と思い、応じるようになった。懲戒請求に参加表明すると、自宅に懲戒請求の用紙が送られてきた。請求対象の弁護士名はあらかじめ書かれている。後は署名押印し、指定された住所に送り返すだけだった。差別に加担しているなどとはもちろん思わなかった。

別の「余命信者」にも取材した。関東地方の五〇代女性、無職。取材場所に指定されたのは巨大なショッピングモールの中にあるカフェだ。淡い色のすっきりとした服に身を包み、裕福そうだ。カプチーノを一口すすってから、なぜ余命ブログを信じたのか?との質問に「メディアが報じない内容で、日本を良くするための真実がここにあると思った」と答えた。

二〇一七年頃、お笑い芸人が「反日」と批判されていることをネットで知った。理由を検索するうちに、余命ブログに行き着いた。「政治には無関心だったが、ここには裏の情報があると興味を持った。報道されていないからこそ、秘められた真実があるのかと。それが本当なのかどうか調べる技術もなかった」。

女性は次第に「実際に北朝鮮からミサイルが飛んでいたし、敵がいるなら日本を守らなきゃ」という気持ちになり、積極的に署名に参加するようになった。「日弁連は悪意を持って日本を乱そうとしている。一人一人が懲戒請求をすれば変えられるかもしれない」と思った。

普通の人が

こうして二人は、大量の懲戒請求に加わった。しかし、思いもよらない反撃が待っていた。懲戒請求を送られた弁護士が「法的手段をとる」と発表したのだ。驚いた男性は、何か訴訟対策はないかと探るうち、「余命三年時事日記」を批判するブログに行き着いた。男性が「反余命ブログ」と呼ぶサイトは、確かにいくつか存在する。これらを読み進めるうちに、「余命ブログ」の内容が間違っていると判断できたという。

ブログに洗脳されたのを、別のブログで解く。それで大丈夫なのかと疑いたくなるが、「確かに危うい感じはするので、相談した弁護士に頼んで左翼的な教育をしてもらおうと思っています」という。左翼思想ではなくて、反差別や人権について学ぶべきではないのか……。突っ込みどころは多いが、根っからの差別主義者ではないようだ。情報の海に溺れず、自分で判断する力を身に付け、生きていってほしいと願う。

男性は「余命ブログに洗脳され、余命信者になっていた。それが解けた今、懲戒請求は結果的に在日朝鮮人への差別行為だったと思う」とも話した。軽い気持ちで懲戒請求に賛同したことを後悔し、「制度を理解しておらず、弁護士に迷惑をかけた」と、懲戒請求した弁護士約一七〇人に謝罪の手紙を送ったという。

女性も後悔し、謝罪の手紙を送った。ただ、差別行為だったと思うかとの問いには「朝鮮学校に公金を出すのは疑問があり、それを表明するのが差別とは思わない。弁護士会の声明は問題だと今も思う」と答えた。ただ、「自分の意見に反する考えを全て『反日』と決めつけ、敵視するのは誤りだった。懲戒請求という手段も間違いだった」と考えている。

私が感じたのは、二人とも「ごく普通の一般市民」ということだ。差別に加担し、ネットに差別投稿を書き込む「ネトウヨ」(ネット右翼)たちは、多くがこのような一般市民であり、右翼思想や排外主義思想に凝り固まった「プロ」ではない。そこに恐ろしさがある。

いっそのこと、在特会幹部や日本第一党の人たちのように差別を生業とする活動家なら分かりやすい。しかし、マイノリティにとっては、どこにでもいる、例えば電車で隣り合うような人が、気軽にスマートフォンで差別を書き込んでいて、いつ自分たちに牙をむくか分からない——。こう感じることの方が、計り知れない大きな恐怖だ。

懲戒請求に賛同した別の高齢男性が「差別行為に反省して」、間違っていたと記者会見を開いたのを取材したこともある。やはり、どこにでもいそうな男性だった。反省するのはいいが、被害者が安心するには、自分がやった差別行為である書き込みを削除し、被害者に直接謝罪し、今後は差別と闘いますと宣言するくらいしなければ、責任をとったことにならない。そう私は考える。

謝罪された弁護士は

大量の不当懲戒請求を受け、二人を含む懲戒請求者から謝罪の手紙を受け取った弁護士は、どう考えているのだろうか。札幌弁護士会の池田賢太弁護士は、書かれた釈明内容を読んであきれたという。共同通信ヘイト問題取材班の石嶋大裕《ともひろ》記者（札幌編集部）が取材した。

「反日弁護士には懲戒請求するしかないとの内容に扇動されました」「わが国が侵略されてしまうので、ブログの指示に従わなければならないと思いました」「洗脳され、集団ヒステリーになってしまいました」――。

池田弁護士は「責任転嫁しようとしている」と感じた。それでも、謝罪の気持ちがあれば問題の深刻さを分かってもらえるかもしれないと思い直し、返事の手紙を送った。

「私たちは一人一人が本質において平等です。私が本当に憤っているのは、在日朝鮮人やその子どもたちの権利の平等性を認めていないことです。懲戒請求の根底には差別への無自覚性があると思わざるを得ないのです。なすべきは差別をする心と向き合い、差別を楽しむことと決別することです。どのような思想を持とうと自由です。しかし、自由を行使して、他人の権利を害することは許されません」

その後、数人から返事が届いた。それぞれ反省を記し、うち一人の男性は「社会で評価されない苦しみから逃れようと、差別をしてしまいました」とつづっていた。

池田弁護士は「大人がネットで簡単にあおられ、差別に加担する社会は危ない。許容すれば、関東大震災時の朝鮮人虐殺のようなことがいつ起きてもおかしくない」と、簡単に差別行為に加担してしまう人が多い社会への危機感を語った。

在日だから狙われた

懲戒請求で、対象とされた弁護士の内訳を見ると、各弁護士会の役員が多い。請求の原因が、朝鮮学校について出した弁護士会の声明への反発であるためだ。例えば、東京弁護士会所属でこの種の懲戒請求を受けたのは一八人。うち一〇人は、会長や副会長といった役員だった。

では、残る八人の弁護士はどういう基準で狙われたのか。八人は弁護士会の役職についておらず、仕事上のつながりもない。ただ、共通点はあった。在日コリアンであることだ。八人のうちの一人、金竜介弁護士は「姓が一文字のため在日コリアンと推測され、懲戒対象となったと思われる。人種差別、民族差別だ」と憤る。二〇一八年七月、請求者に損害賠償を求める訴訟を東京簡裁と静岡簡裁に起こし、記者会見を開いた。

提訴に踏み切った理由を「弁護士として行った仕事の内容ではなく、属性を理由に狙ってきた。こうした行為がなぜ正当だと思うのか、請求者には法廷できちんと述べてもらいたい」と説明。九六〇件もの懲戒請求を受け、うち一一件を選んで一人あたり五五万円の賠償を求めた。ただ賠償を勝ち取るだけでなく、「司法がこれを差別と認める判決を出すまで闘う」という訴訟だった。

記者会見で金弁護士は恐怖を語った。「在日コリアンへの悪意は日頃からネットで見てきたが、匿名での書き込みだった。今回の懲戒請求では、自分の名前を書き、自宅の住所を書き、はんこを押している」。金弁護士は、堂々と人種差別できるようになった世の中に驚いた。忘れられないのは、懲戒請求の書類が山のように届いた日のことだ。請求者の住所は全国に及び、自身の生活圏の居住者も。「バスで隣の人が自分に敵意を持っているかもしれない。顔の見えない無数の人たちに攻撃される恐怖を感じた」と声を震わせる。

在日コリアンへのヘイトに危機感を訴えるのは金弁護士だけではない。同じく懲戒請求者に損害賠償を求める訴訟を起こした神奈川県弁護士会の神原《かんばら》元《はじめ》弁護士も、「大量懲戒請求は、在日朝鮮人への差別扇動が目的のヘイトクライムで、厳しい対処が必要だ。提訴は『差別に加担するな』というメッセージだ」と強調した。

沖縄県弁護士会は二〇一八年七月、会長声明を発表。「今回の懲戒請求は、人がみな本質的に平等であり、個人として尊厳が保護されるべきだとの価値観を真っ向から否定するヘイトスピーチで、断じて容認できない。他者の権利を不当に侵害する行為は、強い非難の対象となることを請求者らは認識すべきである」と警告した。

「差別意識の発現」

請求を送りつけた人に対する損害賠償請求訴訟は、全国各地で起こされた。判決の大半は弁護士側の勝訴で、余命ブログの信者たちは他人を安易に貶めた代償を支払うことになっている。金弁護士の訴訟では、懲戒請求が「人種差別」だと認定した判決も出た。

二〇一九年五月の東京高裁判決は「民族的出身に対する差別意識の発現。合理的な理由は全くない」と差別性を認定。一二月の名古屋高裁判決も「懲戒請求は人種差別思想に基づくものと認められ、請求自体、弁護士の名誉や信用を毀損するものと言える」と断じた。この二件の判決は、後に最高裁で確定している。

また、別の判決では「人種差別撤廃条約に規定される人種差別にあたる」と条約を初適用するもの（六月の東京地裁判決）も出た。日本も批准する人種差別撤廃条約は、ヘイトスピーチを繰り返した在特会が二〇〇九～二〇一〇年、京都市の朝鮮学校や徳島市の徳島県教組を襲撃した事件などの判決でも引用されている。

金弁護士の代理人の高橋済《わたる》弁護士は「外国人住民が増える中、条約ではっきりと人種差別と認定した判決は画期的だ」と評価した。

ネットの情報を安易に信じ、差別行為に走った人たちは、賠償命令という罰を受けた。各地の弁護士が「差別を許さない」と反撃に出たためだ。しかし、ネット上で差別や中傷を受けるほとんどの人は泣き寝入りしている。ネット事業者による取り組みと、被害者を救済できる法制度が早急に必要だ。ネット上のヘイト包囲網の構築は待ったなし。このままネットが差別の温床であり続けていいわけがない。

ネット上のヘイトに対しては、たまに「ネットを見なければいい」という反応がある。しかし、現代ではネットを使わずに社会生活を送るのは不可能だ。しかも、なぜ被害者がネットの利用を我慢しなければならないのか。なぜ被害者の「表現の自由」が制限されなければならないのか。

「見ない」ことを選択したとしても、自分のあずかり知らないところで誹謗中傷がどんどん増幅しているのを無視などできるはずがない。崔江以子さんのように自分の子どもまでがネット上でさらされ、それでも「見なければいい」と言える親がいるだろうか。ネットにヘイトがあふれれば、日常生活にこぼれてくる。ゴキブリと書き込まれれば、実際にゴキブリの死骸が送りつけられてくる。ネット上のヘイトを駆逐してこそ、日常が守られる。

第四章　官製ヘイト

ヘイトスピーチ解消法ができても、路上やネット上で、ヘイトスピーチ、ヘイトクライムがやまない。なぜか。それは解消法が禁止規定や罰則のない理念法にとどまっているからだけではない。国が外国人に差別的な政策を続けているのが大きな原因だ。政権や行政が外国人を差別する政策をとっていれば、社会に「この人たちには差別してもいいんだ」という雰囲気ができてしまう。

対北朝鮮強硬派として知られる安倍晋三氏が二〇一二年に再び首相となり政権に返り咲くと、在日コリアンをターゲットとする差別主義者たちは勢いづいた。第一章で触れたように、第二次安倍政権発足からわずか三日目、拉致問題の未解決を理由とした朝鮮学校叩きが始まった。

拉致とは何の関係もない子どもたちが通う学校を、権力が狙い撃ちする醜悪さ。どれだけ努力しても、民族が違うというだけで、この国で暮らしていく権利を否定されるのか――。子どもたちに与える負の影響は計り知れない。拉致問題を口実にした反北朝鮮政策もヘイトをあおった。「官製ヘイト」はヘイトの中でも今すぐになくさなければならない種類の差別だ。

朝鮮学校無償化排除

代表的な官製ヘイトは、やはり高校無償化制度からの朝鮮学校の排除だろう。二〇一九年四月六日、無償化排除から一〇年目の入学式を、東京朝鮮中高級学校（東京都北区）で取材した。

　朝鮮民主主義人民共和国（北朝鮮）の国旗がデザインされた舞台上の大きな飾りに驚く。壇上には、学校関係者や朝鮮総連関係者が並ぶ。新入生が入場すると、北朝鮮の国歌が演奏された。

　この年の新入生は中学三六人、高校一〇〇人。女子生徒は民族衣装チマ・チョゴリの制服を、男子生徒はブレザーの制服で、神妙に立っている。あいさつに立った慎《シン》吉雄《ギルン》校長は朝鮮語で「七三年の学校の歴史は、日本政府からの民族教育弾圧の歴史だった。無償化除外は一〇年目となったが、統一朝鮮の主人公となるため、勉強に励もう」と新入生に語り掛けた。

　朝鮮語と韓国語は少し違うが基本的に同じなので、韓国で三年間働いた経験がある私には、朝鮮学校で使われる言葉もほぼ理解できる。そうでない来校者には朝鮮学校の人と交流できないのかというと、そうではない。教師らは在日二世や三世、生徒は三世や四世など、みんな日本で生まれ育った在日コリアン。母語は日本語だ。

　二〇一〇年に始まった高校無償化制度。インターナショナルスクールや中華学校、韓国学校など、国内の外国人学校のほとんどが制度の適用を受けている。しかし、朝鮮学校だけは除外されたまま一〇年以上がたつ。

　家庭の負担は大きく、学校の維持も大変だ。生徒の減少も続き、無償化排除は朝鮮学校の弱体化を図る政策となっているのが実態だ。そして何より、児童生徒や学校関係者に対し、疎外感や諦め、日本社会に対する負の感情を植え付けてしまう。国内外から、朝鮮学校除外は民族差別だとの批判があるものの、大きな世論とはなっていないのが実情だ。では、いったい朝鮮学校とはどんなところなのか。

弾圧の歴史

戦前、朝鮮半島を植民地としていたことから、日本には多くの在日朝鮮人が住んでいた。一九四五年、日本の敗戦で朝鮮半島は植民地支配から解放された。それまで皇民化教育を受け、朝鮮語を学ぶ機会を奪われていた在日朝鮮人は全国各地に「国語教習所」を開く。朝鮮人が朝鮮人として生きるという当たり前の権利を取り戻すための第一歩。今の朝鮮学校の前身だ。

祖国の朝鮮半島が北緯三八度線を境に南北で韓国と北朝鮮に分断されると、在日朝鮮人も影響を受けた。在日組織は北を支持する在日本朝鮮人総連合会（朝鮮総連）と南を支持する在日本大韓民国民団（民団）とに分かれ、ほとんどの学校は朝鮮総連・北朝鮮政府との関係を今日まで保ってきた。

南北朝鮮の亀裂が深まると、日本を占領していた連合国軍総司令部（GHQ）は一九四八年、北朝鮮との関係を強める朝鮮学校に対し、文部省を通じて閉鎖令を出す。大阪や神戸などでは大規模な抗議行動が起き、「四・二四阪神教育闘争」と呼ばれる大抗議活動の中で、警官の銃弾に倒れた犠牲者も出た。

在日二世の作家・映画監督、高賛侑《コチャニュ》氏は、大阪府庁前での抗議に参加した金太一《キムテイル》少年（当時一六歳）が警察による発砲で死亡した当時のニュース映像などを発掘し、ドキュメンタリー映画「アイたちの学校」（二〇一九年）にまとめた。警察官三人が水平にピストルを構える映像や、「二〇発を発砲」と記述があるGHQ幹部の日記が生々しさを伝える。慎校長のあいさつの通り、学校はたびたび弾圧を受けてきた。

無償化除外も、学校側は弾圧の一つと受け止めている。日本で生まれ、これからも日本で生きていく在日コリアンたちが通う学校の存続には、日本社会の共感が不可欠だ。各地の朝鮮学校は今、積極的に学校を公開している。

公開授業

「パリ・コミューンでは義務教育があり、少年たちまでがそれを守ろうと最後まで銃を持って戦った。我々が学校を守ってきた歴史も同じです」

二〇一八年一一月、東京朝鮮中高級学校の公開授業をのぞいた。高級部（高校）二年一組の教室では、チマ・チョゴリ姿の女性教諭がこう語った。世界史の教科書を広げてヨー

東京朝鮮中高級学校の世界史の授業（2018年11月17日）

ロッパ産業革命の授業をしていた。

　同校には中高合わせて約五〇〇人が通う。教師も生徒も母語は日本語だが、朝鮮語を学ぶために授業は全て朝鮮語で進む。熱心にノートをとる生徒もいるが、中には机に突っ伏して寝ている生徒も。授業風景は日本の学校とほとんど変わらない。

　国語（朝鮮語）の授業では、クラスの二七人がグループに分かれ、「五分間クッキング」をテーマにハンバーグやプリンのつくり方を発表した。生徒が「ソースエ隠し味ヌン、ムオシルカ」（ソースの隠し味は何でしょう）と問うと、他の生徒から次々に「マヨネーズ！」「チョコレート！」と声が上がった。「隠し味」など、ところどころ日本語が混ざっているのに笑ってしまった。

朝鮮学校への差別について、生徒自身はどう感じているのか。休み時間に聞いてみた。高二の女子生徒は「学校こそ自分の民族性について考えられる場。同じ気持ちを持っている仲間がいるのが一番の宝です。そんな私たちの存在が認められないのはおかしい」。高二の男子生徒は「日本の学校と変わらず、楽しく学校生活を送っています。民族教育のありのままの姿を多くの人に見てもらい、理解してほしいですね」と話してくれた。

公開授業を見学していた都立学校の男性教諭は「みんな礼儀正しかった。お互いを知らないことで距離感が生まれるから、学校同士で交流したい」と感心した様子だった。相模《さがみ》原《はら》市の団体職員の男性は「日本語、朝鮮語、英語を同時に学べるのはすごい」と話していた。教室には故金日成《キムイルソン》主席と故金正日《ジョンイル》総書記の肖像画が飾ってある。私が「気になりませんか」と問うと、「キリストや創立者の絵が飾ってある学校と同じでしょう」と答えた。

同じく二〇一八年一一月、横浜市の神奈川朝鮮中高級学校で開かれた「文化交流祭」にも取材に行ってみた。多くの近隣住民が訪れ、校舎内では展示やクイズを楽しみ、運動場では朝鮮舞踊などのステージを楽しみながら、七輪焼肉を囲んで舌鼓を打っていた。全国各地の学校が、こうした公開・交流を積極的に進めている。

私のスタンス

「確かに差別は駄目だが、朝鮮学校にも問題があるのでは？」というイメージを持つ人は多いだろう。学校礼賛のように読める描写が続けば、読者は付いて来られないかもしれない。教室の肖像画や北朝鮮本国などについて私自身がどう感じているのかを、ここで正直に書いておく方がフェアだろう。

私は記者になった一年目の二〇〇二年に四国朝鮮初中級学校（松山市）へ取材に行ったのを皮切りに、各地の朝鮮学校へ何度も取材に赴いた。朝鮮学校出身の知人・友人もたくさんできた。学校のいいところをたくさん知った。

しかしもちろん、いいところだけではない。組織的に硬直した部分も感じた。一〇〇パーセント素晴らしい学校など、どの世界にも存在しない。もし自分が高校生の時に、教室に日本の権力者の肖像画があれば、私も嫌悪しただろう。朝鮮学校の肖像画も好きではない。しかし、学校の中のことだ。外部の私が片付けろという権利など全くない。それよりも、弾圧の歴史をくぐり抜け、今も弾圧を受け続けるマイノリティの学校が、それでも民族教育の砦《とりで》として存続していることに思いをはせたい。

朝鮮学校が生き生きと存在している日本社会は豊かだと思う。逆に、朝鮮学校が元気でない日本社会は貧困だ。「多文化共生」をお題目にしてはならない。だから朝鮮学校への弾圧には、私も反対の声を上げて一緒に闘う。

そして、日本政府による不当な弾圧や人権侵害に対して反対するのと同様、北朝鮮をウォッチする担当部署にいて、同じように人権侵害の匂いをかぎとればペンをとるだろう。当然だ。人権にダブルスタンダードはない。それが私のスタンスだ。

補助金七割減

今起きている弾圧について説明したい。朝鮮学校は二八都道府県に六四校あり、幼稚園から高校までの生徒数は約五〇〇〇人（二〇二〇年）。文部科学省大臣官房国際課の調査によると、二〇〇九年度には一七五自治体が約八億四〇〇〇万円の補助金を各校に支出していたが、自治体数と補助金額は年々減少し、一七年度は一一〇自治体の約二億六〇〇〇万円だった。七割も減っている。

補助金カットには、国の通知が大きな影響を与えた。二〇一六年三月に当時の馳浩《はせひろし》文部科学相が二八都道府県知事宛てに出した「補助金の公益性、教育振興上の効果等に関する十分な御検討」を求める通知だ。

朝鮮学校の経営は年々厳しくなっており、教諭の給料や校舎の補修が滞っている学校もある。

こうした朝鮮学校への締め付けは、日朝関係の悪化が背景にある。しかし、北朝鮮や朝鮮総連との関係を理由に、在日コリアンが通う学校を制度から除外することに正当性はあるのだろうか。在日コリアンという生まれつきの属性を持つ子どもたちが通う学校を、制度から排除することは、ヘイトにあたらないのか。

はっきりと「国が率先して行っている『官製ヘイト』だ」と批判するのは、元文科省事務次官の前川喜平氏だ。

二〇一八年一〇月、東京都江東区の枝川地域にある東京朝鮮第二初級学校の集会に前川氏が招かれ、初めて朝鮮学校での講演が実現した。学校の保護者だけでなく、朝鮮学校支援者らが大勢詰めかけ、会場の体育館は開始前から熱気に包まれていた。

前川氏は無償化排除や補助金廃止の動きを「国が率先して行っている官製ヘイトだ」と指弾し、民族教育の大切さを訴えた。自身が文科省にいる時、無償化の制度設計に関わったことを振り返り「朝鮮高校も対象として作業したが、排除された。他の外国人学校は対象となり、憲法が保障する『法の下の平等』にも反する」と話した。

参加者約三五〇人は大きな拍手を送ったが、「まず高校無償化排除を謝罪するのが筋だろう」と元高級官僚に対して声を上げた在日コリアンもいた。

理不尽な政治判断

この前年、私は朝鮮学校高校無償化裁判の東京地裁判決を前に、前川氏にインタビュー取材をしている。以下が主な一問一答だ。


――朝鮮学校は無償化の適用を受けていない。

「制度の門を開き申請を受け付け、審査もしていたのに、政治判断でいきなり門を閉じた。

学校側から見れば極めて理不尽な措置だ」

――無償化法案の経緯は。

「民主党政権で初等中等教育局担当の審議官として法案づくりに当たった。当初から朝鮮学校を対象にすることは大臣以下の共通認識だったので、各種学校のうちインターナショナルスクールなどの外国人学校も含めた制度設計をした」

――ところが二〇一〇年四月の制度開始時に朝鮮学校だけが外された。

「民主党や閣内に異論があった。拉致被害者家族会の反対もあり、鳩山由紀夫首相の考えが揺れた。専門家会議が外交上の理由では判断しないとの審査基準をつくったが、北朝鮮による延坪島《ヨンピョンド》砲撃が起きると、菅直《かんなお》人《と》首相の指示で審査が凍結された。それがなければ、一一年四月から無償化の対象になっていただろう」

――一〇年八月に前川氏は学校を視察している。何を感じたか。

「京都、大阪、神戸の朝鮮高級学校を訪れた。生徒たちは日本で生まれた三世や四世。日本語で育ち、第二言語として朝鮮語を学んでいた。親の赴任が終われば本国に帰る生徒が多い他の外国人学校とは違い、日本社会で生きていくための教育をしているという認識を深めた。『国民の税金を使うな』という声もあるが、生徒の親は日本の納税者で、生徒自身も将来の納税者だ」

――自民党政権が一三年に省令を改正し、対象外とした。

「私にできることはやったつもりだ。理不尽な決定だったが、最後は政治判断だ。毎週金曜日、生徒たちが文科省前で抗議する声が聞こえてきて、胸が痛んだ」

――北朝鮮情勢が緊迫し、朝鮮学校への風当たりは強い。

「北朝鮮の極めて特殊な政治体制と、在日の人を直接結びつけるのはおかしい。日本は今後、さまざまな外国人が住む国になる。以前から民族的少数者として暮らす在日の人とうまく付き合えないなら、日本の未来はない。北朝鮮とのつながりがあったとしても、民族教育として認められる範囲内だ。学校側が勝訴すると信じている」

無償化裁判

教育は、不当な支配を受けることなく行われるべきもの。教育基本法がこう定めるように、教育は戦後、政治権力からの介入を警戒してきた。しかし、朝鮮学校を高校無償化制度の対象から外す際、政府は「拉致問題が進展していない」「反日教育が行われている」などと政治的な理由を挙げた。教育の機会均等を定める教育基本法や自主性を定める私立学校法などの趣旨に反していると言える。

二〇一〇年四月に始まった高校無償化制度は、民主党政権の目玉政策の一つだった。朝鮮学校も対象に含まれるはずだったが、延坪島砲撃事件を受けて手続きが停止され、その後再開されたが結論が出ないまま自民党政権に交代した。

第二次安倍政権発足三日目の二〇一二年一二月二八日、当時の下村博文文科相は記者会見で朝鮮学校除外の方針を発表し、「朝鮮学校は朝鮮総連と密接な関係があり、拉致問題が進展しておらず、国民の理解が得られない」と説明した。

下村氏は当時、共同通信のインタビューに「拉致問題の解決に向け北朝鮮にしっかりとしたメッセージを送る必要がある。反日教育をしているところに税金を投入するのは一般的に理解を得られない」とも答えている。政府は、政治的な理由で朝鮮学校を無償化制度から除外したとはっきり述べているわけだ。

では、朝鮮学校以外の外国人学校は、どういう基準で無償化が適用されているのか。

外国人学校は、無償化法（就学支援金支給法）の下位にあたる文科省令「無償化法施行規則」によって（要約すると）、

（イ）大使館を通じて日本の高校に相当すると確認できるもの

（ロ）国際的な学校評価団体の認証を受けているもの

（ハ）文科相が指定するもの

の三種類に分けられ、朝鮮学校は（ハ）に分類された。さらに、この施行規則の下に、（ハ）の学校を指定するため「ハの指定に関する規程」が定められ、規程一三条には「就学支援金の授業料に係る債権の弁済への確実な充当など法令に基づく学校の運営を適正に行わなければならない」とある。

文科省は下村氏ら政権の朝鮮学校除外の決定を受け、一三年二月に（ハ）を削除し、朝鮮学校を施行規則のどこにも当てはまらないようにした。

文科省から朝鮮学校に送られた不指定通知書には、不指定の理由が二つ記されていた。

①施行規則（ハ）の削除、②規程一三条に「適合すると認めるに至らない」というものだった。どちらか一つで良さそうなものだが、この二つを並列したことが、後に問題化する。
朝鮮学校や卒業生などが原告となり全国五カ所（東京、名古屋、大阪、広島、北九州）で提起された「無償化裁判」では、この点がどう争われたのか。

裁判で学校側は、二つの理由に反論する。政治的理由に基づく（ハ）削除は無償化法の趣旨に反する。（ハ）が削除されれば「ハの指定に関する規程」は成り立たず、規程一三条を同時に不指定の理由としたのは矛盾だ、という主張だ。

二〇一七年七月の大阪地裁判決は、「外交的・政治的意見に基づき、朝鮮学校を対象から外すために（ハ）規定を削除した。趣旨を逸脱し違法、無効」と結論づけた。規程一三条については「適合性に疑念を生じさせる特段の事情はない」と国側の主張を退けた。学校側の全面勝訴だった。

しかし、続く二〇一七年九月の東京地裁判決では、
①政治的、外交的理由から不指定処分したとは言えない

②（ハ）の違法性について判断する必要はない
③文科相が朝鮮総連と朝鮮学校の関係性を理由に規程一三条に適合しないという判断は不合理ではない

との理由で学校側の言い分を退けた。

国が認めた矛盾

東京高裁で、学校側は主張を変えず、同じ矛盾を突いた。すると、裁判長は矛盾を認め、国側に「論理的関係をどのように説明するのか」と問いただした。国側はなんと「論理的に両立しない」と矛盾を認め、（ハ）の削除と規程一三号不適合のどちらが不指定の理由になるか「一概には言えない」と回答した。

学校側弁護団は色めき立った。国側は、朝鮮総連と朝鮮学校との関係を指摘する証拠を提出しようとしたが、裁判官はその多くを「必要ない」と採用しなかった。終始学校側が優位に弁論を進めていた。弁護団は「これで負けたら、政治の力が働いたと考えるしかない」と、勝利への期待をにじませていた。

判決は二〇一八年一〇月三〇日。全国から学校関係者や支援者が勝訴報告を聞いて喜び合おうと、東京に集まっていた。しかしその夜、東京都北区のホールをほぼ満員にした判決報告集会の客席に向けて、壇上から絞り出された声は「最後の最後で真実から逃げた判決だ。裁判所は国に勝たせる方に逃げてしまった」という敗訴報告だった。

報告したのは李春熙《リチュニ》弁護士。予想を裏切り、東京高裁は学校側の控訴を棄却した。会場のホールには、吉報を期待していた全国各地の原告や弁護団、朝鮮学校関係者や日本人支援者ら約一一〇〇人が詰めかけていたが、報告を聞いて静まりかえった。論理的には勝てていたのに、裁判所が政治に忖度《そんたく》したのではないか——。李氏の口調には、司法に関わる者としてどうにもならない悔しさがにじみ出ていた。

判決文は「国の説明にはやや一貫性を欠く点がなくはない」などと歯切れが悪い。国が不指定にした二つの理由の矛盾を指摘していた裁判長は「合理的に見れば、不指定処分の理由は、①ではなく②であると認めるのが相当」と、規程一三条不適合の方を選んだ。理由は「（ハ）削除をしなくても、規程一三条に適合しなければ不指定処分をすることは可能」というものだった。結論ありきの判決に読める。

ちなみにこの日は、韓国の大法院（最高裁）が徴用工訴訟で日本企業に対し損害賠償を命じる判決を出した日でもあった。私は昼は徴用工判決の東京での記者会見を、夜は無償化判決の集会を取材した。徴用工が勝訴した判決に日本政府は怒りまくり、メディアはさらに怒りをあおり、かつてない嫌韓時代に入っていく。ヘイトに関連する二つの重要な判決のあった二〇一八年一〇月三〇日。忘れられない日となった。徴用工問題は第五章で詳しく触れたい。

その後、東京、大阪、名古屋の訴訟は最高裁で学校側敗訴が確定した。広島高裁、福岡高裁でも学校側の請求が棄却されている。

「裁判で負けている影響は大きい。昔なら、朝鮮学校が差別を受けていたら日本社会が支援に動いてくれた。今は、世論の後押しがない」

先に書いた映画「アイたちの学校」を制作した大阪の在日コリアン二世、高賛侑監督がこう指摘する。

映画の最後に、このときの唯一の勝訴である大阪地裁判決の様子が流れる。判決報告集会で、大阪朝鮮高級学校の女子高校生が語る言葉が印象的だ。「やっと私たちの存在が認められた。この社会で生きていっていいんだと思った」。敗訴は、この少女が代弁する在日コリアン全体への思いを裏切るものだ。

幼稚園まで差別

二〇一九年一〇月、「幼保無償化」が始まった。安倍首相は「全ての子どもが対象となる」と、この年の夏の参院選に向けた目玉政策の一つとしていた。幼稚園、認可保育所の他、認可外保育施設やベビーシッターなどさまざまな預かりサービスも対象になったが、「全ての子ども」からまたもや排除された子どもたちがいる。

朝鮮学校などの民族学校やインターナショナルスクールの多くは学校教育法で「各種学校」に分類され、国が定める教育要領とは異なるカリキュラムだという理由で、対象から外された。排除されたのは全国約九〇施設。うち四〇施設が朝鮮学校だった。各種学校を除外したのは、朝鮮学校を排除するための目的ではないかと疑わざるを得ない。

除外は「全ての子どもが健やかに成長するよう」とうたう改正子ども・子育て支援法の理念に反している。長男が東京都内の朝鮮学校幼稚部に通う宋恵淑《ソンヘスク》さんは、保護者連絡会代表として何度も国会に足を運び、「日本の幼稚園と何も変わらない。国による差別をやめて」と文科省に要請した。

幼保無償化は、消費税を一〇パーセントに引き上げた一〇月から、増収分を財源として幼児教育を実質無償化する政策だった。朝鮮学校やインターナショナルスクールに子どもを通わせる家庭も消費増税の影響を受けるが、恩恵は受けられない。差別政策以外の何物でもない。

独自制裁

二〇一九年二月末、合意に至らなかった二回目のベトナムでの朝米首脳会談では、北朝鮮側が経済制裁の解除を強く望んでいたことが分かった。

日本政府は、核・ミサイル開発を理由とする国連制裁に加え、拉致問題を理由に「ヒト・モノ・カネ」の移動を制限する独自制裁を科している。制裁措置の期限が切れる前の一九年四月九日、安倍政権は二年間の制裁延長を決めた。

制裁メニューには入っていないものの、朝鮮学校の高校無償化排除や補助金カットも「実質的な制裁の一つ」と見る専門家は多い。対北朝鮮強硬派で知られる安倍晋三氏が、政権発足三日目に無償化排除を決めていることにも、朝鮮学校差別が制裁の一つであることが表れている。

確かに、朝鮮学校と北朝鮮との結びつきは強い。修学旅行先は昔から「祖国訪問」として北朝鮮が目的地だ。朝鮮総連の機関紙「朝鮮新報」によると、金正恩《ジョンウン》朝鮮労働党委員長は「在日同胞の民族教育のため」、二〇二〇年四月に二億一六六〇万円の教育援助費と奨学金を朝鮮総連に送っている。金日成時代から数えると送金は一六六回目で、総額四八六億六〇三三万円になるという。

もちろん、北朝鮮と関係が深いことを理由に、朝鮮学校が差別的扱いを受けてもいいという理屈は成り立たない。生徒や父母の全員が北朝鮮を支持しているわけではない。生徒は朝鮮籍*だけでなく、韓国籍や日本籍も増えている。在日コリアンが自らの言語と文化を学ぶ場として、全国に六四校と大学一校を展開する日本最大の民族学校を選択している面もある。

国連機関が批判

こうした官製ヘイトは、もちろん国内外から批判を受けている。例えば国連の各機関は、朝鮮学校への差別的扱いを是正するよう日本政府に繰り返し勧告している。「政治的事情にかかわらず民族教育を受ける権利を定めた子どもの権利条約などに違反する」というのが主な理由で、人権理事会、人種差別撤廃委員会、社会権規約委員会、子どもの権利委員会が何度も勧告してきた。

二〇一九年二月、子どもの権利委員会は「他の外国人学校と同じように扱われるべきだ」と指摘した。朝鮮学校の高校無償化制度からの排除は差別であると認定。日本政府の「差別ではない」との主張を退け、「他の外国人学校と同等に扱うべきだ」と要請した。

高校無償化の現在の制度は、公立高校の月額授業料にあたる九九〇〇円を就学支援金として支給する実質的な無償化の仕組みだ。支援金は生徒ではなく学校側が受け取る。二〇一三年の法改正で、年収九一〇万円程度以上の家庭は除外される所得制限が加わった。文部科学省によると、一七年度は二七一万六三三〇人分が支払われ、毎年の予算総額は三七〇〇億円に上る。

高校にあたる朝鮮学校の高級部は全国に一〇校あり、二〇一八年五月の文科省調査では、一一九九人が通う。もし朝鮮学校にも無償化が適用されれば、仮に全員に所得制限がかからなかった場合、年間予算は一億四〇〇〇万円程度になる。予算総額三七〇〇億円の〇・〇四パーセントに満たない計算になる。

日本の高校にあたる外国人学校は、朝鮮学校を除くと国内に四三校あり、約四六〇〇人が通う。就学支援金の申請をしていない愛知県のブラジル人学校一校を除き、全て無償化の対象となっている。

旧植民地出身者の子孫として特別永住権を持ち、何世代も日本に暮らす在日コリアンが排除される一方で、インターナショナルスクールや米国人学校、フランス人学校など、ビジネスで駐在する人々の子どもは無償化の恩恵を受けているということになる。繰り返すが、在日コリアンはほとんどが日本に暮らし続ける、納税者でもある。

自治体による補助金カットも問題だ。第三章で見た通り、各地の弁護士会が二〇一六年、補助金停止に反対する声明を出したところ、弁護士会や在日コリアンの弁護士に大量の不当な懲戒請求が届いた事件も起きた。背景には明白な差別があった。

神奈川県弁護士会は二〇一八年一一月、外国人学校に通う児童生徒の保護者への学費補助金が、一六年度から朝鮮学校の保護者にだけ支給されないのは人権侵害にあたるとして、神奈川県に警告を出した。埼玉弁護士会も、一五年に埼玉県に同様の警告を出している。

神奈川県は、県内の朝鮮学校が使用する教科書に日本人拉致問題が記載されていないとの理由で、補助金を打ち切った。警告書は「憲法、国際人権条約で保障される平等原則に違反する」「朝鮮学校の児童生徒への差別の助長につながりかねない」と指摘した。

お土産を没収

「ヒト・モノ・カネ」の移動を制限する日本政府の北朝鮮独自制裁に基づき、二〇一八年六月、祖国訪問（修学旅行）から関西空港に戻った神戸朝鮮高級学校（神戸市）の生徒の土産が税関で没収された。

北京《ペキン》経由で関空に到着した際、税関職員が生徒のかばんを開け、クッションや化粧品、民芸品などを没収したのだ。「子どもたちのお土産まで取り上げることに意味があると思えない」。在日コリアンから生活相談を受ける李春熙弁護士は、独自制裁が一般の在日朝鮮人の生活や人権を脅かしていると強調する。

日本政府は段階的に制裁対象を拡大しており、現在は、外為法や出入国管理・難民認定法などに基づく輸出入の全面禁止や、訪朝した朝鮮総連幹部の再入国禁止、北朝鮮に寄港した船舶の入港禁止などを科している。安倍首相は「話し合いたいと言ってくるまで、国際社会と連携して圧力をかけ続ける」と表明した。

だが、こうした人権侵害の圧力が、外交の駆け引き材料として妥当なのか。神奈川大の阿部浩己教授は「経済制裁が認められる場合でも、一般市民がどんな目に遭ってもいいわけではない。人権に影響を与える制裁は国際法違反になる」と釘《くぎ》を刺す。

お土産没収事件は報道されて批判を浴び、日本政府は結局、大半を生徒側に返還した。対北朝鮮外交の進展を狙った態度軟化との見方もあるが、だったら最初から没収などしなければいい。この学校では返還されたが、没収されたままの在日コリアンもたくさんいる。

差別へのお墨付き

北朝鮮の政治体制や朝鮮学校の運営方針が、日本社会で全面的に支持され理解されるのは難しいだろう。しかし、それは日本政府や、全ての日本学校にも同様に当てはまる。完全に正しい国家や政府、教育など存在しない。

朝鮮学校だけが不当な差別を受けている日本社会は、多文化共生の視点から見ても、いやどの視点から見ても、おかしい。日本による朝鮮半島の植民地支配により、朝鮮人は言語と文化を奪われた。それを取り戻すためにつくられた学校だという背景を知っておきたい。

朝鮮学校への差別政策は、社会に「政府や自治体がそうするのならば、朝鮮学校の方がおかしいんだろう」という偏見を生み出し、在日コリアンへの差別を助長する。政府はヘイトスピーチにお墨付きを与えているのだ。

第三章で見た「余命ブログ」を読んで弁護士に懲戒請求した女性がそうだった。私のインタビューに「日本政府が無償化から除外した。私が差別しているんじゃない」と反論した。女性は「国連勧告に対して、差別ではないと日本政府がちゃんと説明しているじゃないですか」とも話していた。

確かに私のような記者が一生懸命説明しても、多くの人には政府の主張の方が圧倒的に声が大きく、信頼性があるかもしれない。自分の無力さを感じた取材でもあった。

拉致問題がヘイトを呼び込む

安倍政権は拉致問題を政府の「最優先課題」と位置付け、続く菅義偉政権も「最重要課題」だと表明した。しかし、拉致被害者は二〇〇二年の五人帰国以降、一人の帰国も実現できていない。問題解決の糸口さえ見えない状況が続いている。それどころか、拉致問題が政治利用され、官製ヘイトの一つになっている実態がある。

私は北朝鮮による拉致問題も担当記者として取材を続けてきた。安倍政権の対北朝鮮外交を見ていると、拉致問題を解決する気が本当にあるのか、拉致問題を政権浮揚策に利用しているだけではないのか、という疑いまで抱いてしまった。

元より、拉致は重大な犯罪だ。日頃から拉致被害者家族を取材していて、なぜこんな苦悩と悲しみを何十年も抱えなければならないのかと憤りの念が湧く。怒りの矛先は、早期解決できない北朝鮮政府と日本政府だ。しかし、国家犯罪である拉致問題を理由に、北朝鮮国民まで恨むのはおかしいし、ましてや朝鮮学校を差別するのは異常だ。しかし、拉致問題に関わると、残念ながらヘイトの巣窟のような雰囲気を感じることがある。

各地のヘイトデモでは、一三歳で拉致された横田めぐみさんの顔写真を掲げ、平気で在日コリアンを差別する言葉を連呼する人々がいる。拉致がヘイトに利用されている。北朝鮮政権批判なら分かるが、拉致問題に関わる活動家や政治家、そして拉致被害者家族までもが、北朝鮮だけでなく在日コリアンを中傷する言葉を口にすることがある。

国民大集会

「北朝鮮による拉致被害者家族連絡会」（家族会）とその支援組織「北朝鮮に拉致された日本人を救出するための全国協議会」（救う会）などが毎年春と秋に開いている「国民大集会」。毎回一〇〇〇人ほどが集まる規模の大きな行事だ。二〇一八年九月の国民大集会はひどかった。

国民大集会で気勢をあげる参加者（2018年9月23日）
写真提供：共同通信

史上初の朝米首脳会談後初めての開催ということで、対話路線が強調されるのかと思いきや、実際は全く逆だった。東京都千代田区の砂防会館のホール。壇上に国会議員や地方議員、都道府県知事、副知事らが並び、客席は約一〇〇〇人の市民で埋まった。

一番後ろの報道席に座った私のすぐ前には、一般参加者の女性が座っていた。敵意ある目でちらちらと私を見てくる。監視されているような感じだ。旭日旗とZ旗をデザインした風変わりなイヤリングが耳で揺れていた。

開始前、月刊誌「新潮45」に「LG

BTは子どもをつくらない、つまり『生産性』がない」と差別論文を寄稿し批判を浴びている最中の杉田水脈《みお》衆院議員（自民党）が姿を現した。すると客席から「みお先生、応援してます」「スイミャクちゃーん」の野太い声援が掛かり、拍手が起きた。

拉致被害者家族会との面談を終えた安倍首相が入場し、櫻井よしこ氏の司会で国民大集会が始まる。ステージに掲げられているのは「全拉致被害者の即時一括帰国を！国民大集会」の文字と、大きな日の丸。主催者あいさつが終わると、櫻井氏の「自民党総裁に三選されたばかりの力強い安倍総理にお願いをいたします」という紹介を受け、安倍首相が登壇。満場の拍手に包まれた。

ここまで書けば、どういう集会なのか想像がつくだろう。拉致被害者帰国のために知恵を出し合い展望を考える集会ではなく、特定の政治思想を持った人々の政治集会のような雰囲気だ。

この年、二〇一八年は、四月二七日に板門店《パンムンジョム》で南北首脳会談が実現し、続く六月一二日にシンガポールで朝米首脳会談が実現するという、北朝鮮が国際社会に出てくる歴史的な年だった。安倍首相はそれぞれの首脳会談に反対するなど圧力路線を貫いたため、結果的に日本だけ対北朝鮮外交から「蚊帳の外」となっていた。

安倍首相は壇上から「安倍政権でこの問題を解決する。拉致問題は、安倍内閣の最重要・最優先の課題だ。拉致被害者の方々と御家族の皆様が抱き合う日が訪れるまで、私の使命は終わらない」と語り掛けた。

しかし安倍首相は実はこのわずか一〇日前に、全く逆のことを述べている。自民党総裁選の討論会。質疑応答で拉致問題の現状や見通しについて質問されると、「拉致問題を解決できるのは安倍政権だけだと私が言ったことはございません」と開き直っていた。追及されれば自説を引っ込め、被害者家族の前ではいい顔をする。

あいさつが終わると櫻井氏が「本当に安倍総理は今が頑張り時です。日本にいて、応援したいと思います」と、「首脳会談のために平壌《ピョンヤン》へ行くな」というメッセージを暗に込めて送り出すと、客席から再び長い拍手。安倍氏は途中退席した。

「息を吹くように嘘《うそ》をつく」

後半は、壇上に並んだ被害者家族会のメンバーがひと言ずつあいさつしていく。横田めぐみさんの弟、横田拓也氏は「絶対忘れてはならないのは、彼ら（北朝鮮）が犯罪者、テロ支援国家であるということ」「拉致問題の解決の定義を決めるのは私たち家族です。北朝鮮ではなく、金正恩でもない。彼らの言うことを絶対にうのみにするわけにはいかない」と力説した。

また、総裁選で闘った石破茂元幹事長が主張していた「合同調査委員会を設ける」案や「平壌に連絡事務所を設置する」案などを挙げて「そんなことは一切求めていない。日本国内にもそれを画策しているような連中がいる。こういう連中を私たちは完全に批判しなくてはいけないし、彼らに耳を傾けてもらいたいのは、私たちの救出活動にとって間違いなく妨害行為であるということです」と批判した。

さらに、横田めぐみさんのもう一人の弟である横田哲也氏の発言には、憤りを通り越してあきれた。関係改善が進む韓国と北朝鮮の関係について「南北融和と言いましても、狐《きつね》と狸《たぬき》の化かし合いで一寸先は闇です。歴史を紐解《ひもと》けば、北朝鮮も南朝鮮も息を吹くように平気で嘘をつき、裏切り行為をする国ですから。それを軌道修正していくのは我々日本国しかありません。彼らが口にする平和だとか非核化だとかは、嘘だと、偽善だということが実態であって、だまされてはならない」と力説したのだ。

民族や国家を一括《ひとくく》りにして「平気で嘘をつく」とののしるのは典型的なヘイトスピーチだ。わざわざ韓国を南朝鮮と言い換えてもいる。

増元るみ子さん（拉致当時二四歳）の弟、増元照明氏は、石破氏の考えを「被害者の死亡を前提とした案だ」と決めつけ、「そういう考え方を国民に広める国会議員やメディア関係者は、私たちの敵じゃないか！」と語気激しく問い掛けた。

客席からは「日本の敵」「朝鮮総連に破防法を適用しろ」などと興奮した野次が飛び、何の関係もない「辻元《つじもと》清美を前に出せ！」との叫び声まで聞こえた。会場の雰囲気は最高潮に達した。例の旭日旗イヤリングの女性は、私をキッと振り返り「今の、ちゃんと書きなさいよ」と念を押した。

子どもたちに憎悪をあおる

国民大集会は安倍政権と家族会、救う会の方針以外は異論と見なして徹底的に批判する内容だった。ヘイトスピーチまで出たのに、それが歓迎されるような異常な雰囲気だ。

家族会、救う会の運動方針（二〇二〇年二月）を見ると、在日朝鮮人への圧力強化がはっきりと示されている。

- 朝鮮総連の活動を厳しく取り締まることができる新法制定を求める。
- 朝鮮学校に対する自治体補助に対して、拉致に関する教育内容の観点などから反対する。各自治体への運動を継続強化する。朝鮮大学校の各種学校認可取り消しを求める運動を行う。
- 朝鮮総連の違法行為をより厳しく取り締まることを求める。

などだ。それ以外に北朝鮮への制裁強化も入っている。そして最大の目標は「全拉致被害者の即時一括帰国」だ。実現すれば素晴らしいことだ。しかし、全被害者とはいったい何人なのか。

政府認定の拉致被害者で未帰国なのは横田めぐみさんら一二人。これだけでなく、警察庁は「拉致の可能性を排除できない行方不明者」として八七五人をリストアップしている。

もちろん全員を拉致だと決めているわけではない。しかしこれでは、たとえ何十人、何百人が一斉に帰国したとしても、「全被害者ではない。まだいるはずだ」と言い続ければ拉致問題は永遠に解決しないことになってしまう。拉致当時から四〇年ほどがたち、残念ながら全員の生存は望めないだろう。しかし、運動方針は全員生存が前提だ。これでは北朝鮮がどれだけ情報開示をしたとしても、日本政府や家族会、救う会が納得しなければ、拉致問題は永遠に解決しない。

なぜこのような目標を掲げるのだろうか。家族会、救う会は安倍政権時代、年に何度も首相と面談する密接な関係を保った。拉致問題で存在感を高めてきた安倍氏にとって、無視できない大きな存在だ。家族会、救う会の運動方針は政府方針に大きく影響する。対北朝鮮強硬派の安倍氏にとって、拉致問題は解決しない方が得策だ。対話より圧力の方が人気が出る。そう考えるのが自然だ。

政府は、横田めぐみさんの映画を全ての学校で上映するよう自治体や学校に働き掛けている。内閣官房拉致問題対策本部のサイトには「映画『めぐみ―引き裂かれた家族の30年』の上映会開催校募集中」というページがある。アニメ作品「めぐみ」の無料ダウンロードのページもある。子どもがめぐみさんの映画を見ることで、拉致被害者が帰って来るとは思えない。しかし、子どもたちに北朝鮮への敵対心を育むことはできるだろう。「私の任期中に必ず」と拉致問題を解決するポーズを見せながら何もせず、安倍政権は北朝鮮への恐怖と憎悪を植え付けてきた。官製ヘイトの一つではないか。菅義偉首相も同じ方針を継承している。

横田滋さんの死去

こうして拉致問題が政治利用されている間に、家族はどんどん高齢化していく。めぐみさんの父親で家族会の初代代表だった横田滋さんは、二〇一八年から入院生活が続いていたが、二〇二〇年六月五日、老衰で亡くなった。八七歳だった。

滋さんは、差別に敏感に反応する温厚な人だった。北朝鮮に対して制裁強化を声高に主張せず、対話による解決を訴え続けてきた。集会で在日コリアンへのヘイトスピーチがあると、「ああいうやり方はいけない」と顔を曇らせたこともある。著書『めぐみへの遺言』（幻冬舎）では、「拉致と直接関係ない在日の人に対してまでそんな言い方するのはよくない」との滋さんの発言を紹介している。同書で滋さんは「制裁一辺倒ではなく話し合いに向けて動くしかない」と救出運動への思いを語っている。朝鮮学校の高校無償化除外や補助金カットに関しては「合法的に日本に住んでいる子供の人権を考えたら、拉致があるから無償化反対というのは良くない」「拉致を理由に朝鮮学校に補助金を出さないのは筋違いだと思います。単なるいやがらせです」と反対している。

体調を崩す前、話を聞かせてもらうたびに、「拉致は政治問題でなく、家族を引き裂かれた人権侵害なんだ」と口癖のように繰り返していた。その言葉を聞くたびに、政治の動きに翻弄され続けたことへの悔しさを感じた。家族を引き裂かれた国家犯罪に対し、怒りを感じるのは誰でも同じはずだ。その怒りの矛先をどこに向けるべきか。滋さんは常に冷静に考え、発言していた。

拉致被害者救出運動が北朝鮮に敵対的になりがちな中、滋さんの温厚で平和的な姿勢は本当に崇高だと感じた。最愛の娘との間を引き裂かれ、日朝関係に翻弄されながら救出運動に捧げた半生だった。不条理にもかかわらず、めぐみさんの思い出を語る時は本当に楽しそうだった。安らかにお眠りください。

日本政府は、高齢化する拉致被害者と被害者家族のためにも、一日も早く北朝鮮政府と実のある対話を始めるべきだ。米国にばかり頼り、北朝鮮を敵視する政策をとり続けても、何も意味がないと分かったのが、安倍政権の七年八カ月だった。

ヘイトクライムに無反応

朝鮮学校と拉致問題をめぐる日本政府の政策は、官製ヘイトと呼べるものだ。民衆レベルの差別行為を肯定し、ヘイトスピーチにお墨付きを与える。ヘイトスピーチを放置すれば、ヘイトクライムに至る。さらに放置すれば、ジェノサイドに行き着いてしまう。関東大震災の歴史が証明するように、世界中のジェノサイドはまず、ヘイトスピーチから始まっている。だからヘイトスピーチやヘイトクライムが起きるたびに、政治家ら責任ある立場にある人は、即座に断固としてこれを非難し、それ以上差別がエスカレートしないよう食い止める義務がある。

しかし、国がヘイト政策を続ける中で、国の責任者にヘイトに厳しく向き合えと望むのは無理だ。仮に「差別を許さない」とコメントを出したとしても、「どの口で言うんや」

とあきれることになるだろう。

第二章でも触れたが、二〇一八年二月に朝鮮総連中央本部の門が銃撃された。現行犯逮捕された二人は、ヘイトスピーチを繰り返していた右翼活動家。警察の調べに「北朝鮮による相次ぐミサイル発射に堪忍袋の緒が切れた」と供述したという。

明白なヘイトクライムだが、政府関係者のコメントはなかった。ヒューマンライツ・ナウなど複数の市民団体が「日本政府は事件を非難する声明を公表すべきだ」との声明を発表し、朝鮮総連も記者会見を開いて日本政府の対応を求めたが、政府は無言を貫いた。ツイッターには「義挙を支持する」など犯行を称揚する書き込みさえあった。ある在日コリアンの男性は「事件が容認されているような雰囲気が怖い」と話した。

官製ヘイトにとどまらず、ヘイトに無反応な政府。上からのヘイトが、下からのヘイトをあおっている。

＊ 朝鮮籍とは朝鮮民主主義人民共和国（北朝鮮）の国籍ではない。日本政府は北朝鮮と国交を結んでいないため、北朝鮮籍も認めない立場だ。朝鮮籍は日本に暮らす旧植民地出身者とその子孫のことだ。

一九一〇年の韓国併合で、朝鮮半島に住む人々は日本国籍者となった。四五年の日本敗戦後、日本にいる朝鮮半島出身者はそのまま日本国籍を有していた。しかし五二年のサンフランシスコ講和条約発効で日本政府が正式に朝鮮の独立を認めると、在日朝鮮人の日本国籍を一方的に剝奪。南北いずれかの国を指すのではない、記号としての「朝鮮」籍を当てはめた。

朝鮮籍から韓国籍や日本国籍に移した人も多い。現在、約五〇万人と言われる在日コリアンの中で、朝鮮籍者は約二万八〇〇〇人（二〇一九年一二月）。海外渡航や、海外から日本に戻るのに不便な朝鮮籍を保持する人たちには、積極的・消極的に北朝鮮を支持する人や、南北分断を認めない人など、さまざまな立場がある。

第五章　歴史改竄によるヘイト

慰安婦問題や徴用工問題など日韓間の歴史問題をめぐり、日本国内で「反日」「日本へイト」という言葉が使われている。日本を批判する言動がそう定義される。私もネット上で「反日記者」と何度書かれたことか。しかし、反日の「日」とは何を指すのか。批判の矛先である「日本」とは何だろうか。日本国民一人一人が攻撃されているのだろうか。そうではないはずだ。これらの言葉を使う時、思考停止に陥ってはいないか。この章では歴史問題を考えたい。

思考停止の「反日」「日本ヘイト」

「日本へイト」という言葉が広範囲に使われたのは、二〇一九年の夏だった。旧日本軍の従軍慰安婦を象徴する「平和の少女像」などを展示した国際芸術祭「あいちトリエンナーレ２０１９」の企画展「表現の不自由展・その後」に、「反日プロパガンダだ」などと抗議が殺到した。中には脅迫やテロ予告も含まれていた。その結果、八月一日の開幕からたった三日で企画展は中止に。当然ながら中止となったことにも批判が殺到し、結局、参観方法や警備対策を見直し、約二カ月後に再開された。

問題の本質は、憲法が保障する表現の自由の侵害にあたる、ということにある。河村たかし名古屋市長ら一部政治家による圧力を受けて芸術企画が中断し、補助金支出が問題視された、憲法が保障する表現の自由の侵害だ。そのように連日、大きく報道された。しかし問題の背景には、歴史改竄とヘイトの問題があると言える。

河村市長は企画展を「日本人の、国民の心を踏みにじるもの」と批判し、中止を要請した。ネット上では、同様に展示が日本ヘイトだとする批判が渦巻いた。

少女像の隣に座って

日本ヘイト？　誰から日本人が差別されているのか？　マジョリティである日本に住む日本人が、マイノリティから攻撃されているというのか？　ヘイトという新しい言葉に飛び付き、日本が不当に貶められていると主張したいのだろうが、日本国外に在住する日本人が差別を受けていて「日本ヘイト」があると言うのならともかく、国内で使うのはあり得ない表現だ。

少女像は、韓国人芸術家のキム・ウンソンさん、キム・ソギョンさん夫妻による彫刻で、韓国ソウル市の日本大使館前などに建てられている。チマ・チョゴリ姿の韓国人少女が椅子に座り、戦時性暴力を告発する作品だ。もちろん、「日本人は死ね」「日本人は出て行け」などのヘイトスピーチとは関係ない。

少女の隣には、同じ椅子が用意されている。ソウルで私も座ってみた。少女と同じ目線になって、少女が何を考えているのかを想像してみる。少女が憎むのは誰だろうか。自身を蹂躙した日本将兵か。自身を慰安所に連れて行った大日本帝国か。それとも戦争か、植民地支配か。誠意ある謝罪と賠償を行わない日本政府か。今も続く性暴力か。

記者としての私が考えるのは、これだけ新たなファクトが積み重ねられても「強制連行はなかった」「最終的かつ不可逆的に解決した」と被害者の尊厳を奪い続ける日本政府の不誠実さだ。その理由を、これまで共同通信で報じてきたファクトから説明したい。

「軍が強制」の将校証言

従軍慰安婦や強制連行の問題に取り組む日本各地の市民団体の連絡組織がある。神戸市に本部を置く「強制動員真相究明ネットワーク」（以下、ネットワーク）だ。私はネットワークと協力して調査報道を続け、スクープ記事を書いてきた。二〇一三年一〇月には、『軍強制』詳細開示　慰安婦記録で公文書館　河野《こうの》談話の原資料」という記事を配信した。「州警察の長に、遊女屋用の女をキャンプで選出するよう依頼した」「婦女は〇〇（将校の名）の要請により州の役人が連れ出した」「女たちは遊女屋に入るまで、どういう仕事をするのか聞かされていなかった」――。全て日本軍将校の証言だ。こうした証言が記された公文書が、東京の国立公文書館で見つかった。

太平洋戦争中、日本軍がインドネシアの捕虜収容所からオランダ人女性約三五人を強制連行し、慰安婦としたとの記載がある公文書が、国立公文書館がネットワークに開示した。これは慰安婦制度への「軍の関与」を認めた河野洋平官房長官談話（「河野談話」一九九三年）の基となるもので、存在と内容の骨子は知られていたが、詳細な記述が明らかになるのは初めてだった。

資料名は「ＢＣ級（オランダ裁判関係）バタビア裁判・第一〇六号事件」。一九四九年までに、オランダによるバタビア臨時軍法会議（BC級戦犯法廷）で、旧日本軍の元中将（有期刑一二年）、元少佐（死刑）など将校五人と民間人四人を強姦罪《ごうかんざい》などで有罪とした法廷の起訴状、判決文など裁判記録の他、裁判後に将校に聞き取り調査をした結果が含まれる。

計約五三〇枚で、法務省がこれらを要約したものが河野談話作成の際に集められた資料の一つとなった。原資料は一九九九年に同省から公文書館に移管されていた。

元陸軍中将の判決文などによると、戦時中の一九四四年、ジャワ島スマラン州に収容されていたオランダ人女性を、日本軍将校が命じて州内四カ所の慰安所に連行し、脅して売春させた。開示された判決文には、以下のような証言が載っている。

「州警察の長に、遊女屋用の女をキャンプで選出するよう依頼した」

「婦女が収容所から出発するのも自由意思によるものではなく、〇〇（将校の名）の要請により州の役人がキャンプから連れ出した」

「女たちは、遊女屋に入るまでどういう仕事か聞かされていなかった」

「遊女屋が開かれてまもなく日本人将校間に、婦女の多くは強制的に入れられたもので、いつも売春を拒絶していることが知れ渡った」

「○○少佐が、遊女屋の指揮、設立、施設、管理等を担当していた」

また、元中将が日本に帰国してから、石川県庁で行われた聞き取り調査の記録には、こうした記載がある。

「○○大佐らから提案を受け、軍司令部の参謀に、抑留婦人を慰安婦とする件を話したが、反対意見は出なかった」

「州庁側で選出し整列させた婦人（不承諾者も含まれていた）から、中尉が勝手に選定して連れてきた」

「連行後、各人から承諾書をとる際も若干の人々には多少の強制があった」

「敗戦後、連合軍が取り調べると、婦人たちもメンツ上、どうしても強制だったと、あることとないことを並べたてて日本軍部を悪口することになるのは自然で、問題視されるに至った」

法務省が内部資料とすることを前提に戦犯の被告や弁護人から収集した文書と思われる。

だが、法務省司法法制部は取材に対し、「古い資料のため、作成の経緯は確認できない」とコメントした。

「朝日新聞の捏造《ねつぞう》」という捏造

一九九三年に宮沢喜一内閣の河野洋平官房長官が河野談話を発表したのには、こうした資料や元慰安婦への聞き取りなど政府調査の結果がある。河野談話は軍の関与と強制性を認めた。慰安所は「軍当局の要請により設営され」、管理や慰安婦の移送は「軍が直接あるいは間接にこれに関与した」とした。募集は「軍の要請を受けた業者が主としてこれに当たったが、その場合も、甘言、強圧による等、本人たちの意思に反して集められた事例が数多くあり、更に官憲等が直接これに加担したこともあった」と指摘し、元慰安婦に謝罪した。以降、歴代内閣が談話を踏襲する姿勢を表明している。

しかし、朝日新聞が過去の一部の慰安婦報道が間違いだったと発表すると、慰安婦制度全てが捏造だったかのような激しいバックラッシュが起きた。朝日新聞社は二〇一四年八月五日の朝刊で、慰安婦に関する過去の報道の検証記事を発表し、「韓国・済州島で強制連行した」としていた故・吉田清治《せいじ》氏の証言を虚偽と判断し、一九八〇～一九九〇年代の記事一六本を、また一二月二三日の朝刊で二本の記事の一部や全部を取り消した。

バックラッシュの一つに、保守論壇のジャーナリスト櫻井よしこ氏や西岡力《つとむ》氏らによる、元朝日新聞記者の植村隆氏へのバッシングがある。植村氏は朝日新聞記者時代の一九九一年に、韓国で初めて元慰安婦だったと名乗り出た金学順《キムハクスン》さんの証言を記事にした。櫻井氏らはこの記事を「捏造記事」と決めつけ、新聞や雑誌を使って非難したのだ。

植村氏は櫻井氏らに名誉を傷つけられたとして二〇一五年に提訴。しかし、二〇年一一月、植村氏の敗訴が確定した。ただ、一連の訴訟では、法廷で櫻井氏と西岡氏は、自分が書いた記事の一部を間違いだと認め、産経新聞は櫻井氏のコラムを訂正する記事を掲載。確定判決は植村氏への名誉毀損を認めた上で「植村氏が事実と異なる記事を執筆したと(櫻井氏が)信じたのには相当な理由がある」として、櫻井氏らの誤りに触れつつも免責するという内容だった。

だが、この判決に安倍晋三前首相が絡んできた。自身のフェイスブックに一一月二一日、「植村記者と朝日新聞の捏造が事実として確定したという事ですね」と書き込んだ。そんな事実は確定していないにもかかわらず、印象操作だ。植村氏側がコメントの削除を求めて内容証明を郵送すると、安倍氏は翌月になってコメントを削除している。

こうした吉田証言問題に端を発する数々のバッシングや印象操作によって、慰安婦問題がなかったことにされ、河野談話の存在も貶められてきた。手が付けられないほど慰安婦問題は炎上してしまった。しかし、河野談話は吉田証言に基づいたものではなく、慰安婦を強制連行したという話の全てが嘘ではない。現に公文書がたくさんあるのだ。

炎上をよそに、談話から二五年以上がたつ間、河野談話を裏付け、補強する公文書が研究者や市民団体の活動で次々と明らかになっている。国立公文書館や、国立公文書館が運営する電子資料センターである「アジア歴史資料センター」などから開示された資料には、

- 陸軍省が慰安所設置を可能にした「野戦酒保規程改正に関する件」
- 第三五師団司令部が軍施設として慰安所運営規則を定めた「営外施設規定」
- 政府が慰安婦の渡航を認める閣議決定をしたことを示す「渡支那人暫定処理に関する件」
- インドネシアや中国での慰安婦強制連行を示す東京裁判の尋問調書

などがあり、いずれも軍の直接運営や政府の関与、強制性を示している。しかし、安倍政権は「河野談話を踏襲している」との立場ではあるが、第一次政権の二〇〇七年には「河野談話までに政府が発見した資料の中には、軍や官憲による強制連行を直接示すような記述も見当たらなかった」との政府答弁書を閣議決定している。河野談話の踏襲を表明しながらも、否定的な答弁をし、どうにか無かったことにしようとしていたのだ。

資料を収集してきた一人で、ネットワーク事務局長の小林久公氏（札幌市）は「河野談話の事実認定には元々あいまいな部分があったが、安倍政権の閣議決定はそれさえ覆した。政府は新たな資料できちんと事実を認定し、慰安婦問題の解決に向けて取り組んでほしい」と話している。

歴史学者はどう見ているのか。京都大の永井和《かず》教授（日本現代史）はこう話す。「慰安所の管理、運営について河野談話は『軍が関与した』との表現にとどめた。さらに『民間業者が運営し、軍は一定の管理はしたが利用しただけ』と主張し、河野談話を見直すべきだとの立場の人もいる。しかしすでにさまざまな資料から、慰安所は軍が設置した軍の施設と証明され、強制性を裏付ける資料も出ており、談話の見直しは難しい。強制連行はなかったと強調すればするほど国際感覚からずれ、歴史的事実からかけ離れ、日本にとってプラスにならない」。

河野談話に含まれない新資料

二〇一三年一一月には、再び新資料を発見したという記事を配信した。河野談話の基となった資料には含まれていなかった、強制連行を示す法務省の資料六点が、国立公文書館に保管されていたことが分かった。発見したのは、関東学院大の林博史教授（日本近現代史）。

資料六点は、戦後に当時の中国国民政府とオランダ政府が実施した計六件のＢＣ級戦犯法廷の起訴状や判決文などの裁判文書だ。

陸軍中将が強姦や婦女誘拐などに問われた「南京一二号事件」の起訴状は「娘を暴力をもって捜し出し肉体的慰安の具に供した」と指摘している。海軍大尉ら一三人が強制売春などに問われたオランダ政府によるインドネシアの「ポンチャナック一三号事件」の判決文は「多数の婦女が乱暴な手段にて脅迫され強制させられた」としている。

こうした資料が次々と明るみに出る中、二〇一五年の年末、日韓両国の外相が従軍慰安婦問題の決着で合意した。日本は政府として責任を認め、岸田文雄外相が安倍晋三首相による「心からのおわびと反省」を表明し、韓国の財団に一〇億円を支払った。また、「最終的かつ不可逆的に解決される」とも確認した。だがこの合意は、元慰安婦の被害者を置き去りにした政治決着で、案の定、直後から批判にさらされ、合意は破綻した。

その後も、慰安婦問題関連の公文書が発見されている。二〇一七年四月には、「慰安婦『連行』文書提出　公文書館、内閣官房に　政府、強制性の指摘否定」という記事を配信した。国立公文書館が新たに公文書一九件一八二点を内閣官房に提出していたことをつかんだニュースだった。法務省がまとめた裁判記録で、軍の関与と強制連行を示す記述が随所にある。

「バタビア裁判二五号事件」資料には、日本海軍のインドネシアの特別警察隊元隊長が戦後、法務省関係者に「二〇〇人くらいの婦女を慰安婦として奥山部隊の命によりバリ島に連れ込んだ」と証言した記述があった。

法務省はネットワークから「慰安婦問題の政府調査に必要な文書では」との指摘を受け、

公文書館がコピーを内閣官房に提出した。

公文書館で一九件の大半を見つけた林博史教授は「軍が強制的に慰安婦にしたことを明確に示している」と述べた。しかし、これだけのファクトを突き付けられても、政府の姿勢はかたくなだ。内閣官房副長官補室の鳥井陽一参事官は取材に「軍人が売春を強要したとして有罪判決を受けたことは認識している」とした一方で、「個別の資料の評価はしていない。全体として見ると、強制連行を直接示すような記述は見当たらない」と話した。詭弁《きべん》だ。

東大の外村大《とのむらまさる》教授（日本近代史）は今回の一九件の文書について「占領地での多数の事例について具体的な状況が語られている。これでも政府が見解を変えないのならば、政府は『強制連行を直接示すような記述』とは何を指すのか明らかにすべきだ」と指摘する。

兵七〇人に慰安婦一人

続いて二〇一九年一二月にも、「慰安婦『兵七〇人に一人』　外務省文書、軍関与を補強　内閣官房、新たに収集」という記事を配信した。ジャーナリスト今田真人《いまだまさと》氏が発見した公文書だが、これを内閣官房が入手したことが判明したというタイミングをつかんだ。

　内閣官房は二〇一七、一八年度に、新たに計二三件の公文書を集めていた。うち、在中国の日本領事館の報告書には「陸軍側は兵員七〇名に対し一名位の酌婦を要する意向」「軍用車に便乗南下したる特殊婦女」などの記述があった。「酌婦・特殊婦女」は別の報告書内で「娼妓《しょうぎ》と同様」「醜業を強いられ」と説明され、慰安婦を指している。軍と外務省が国家ぐるみで慰安婦を送り込んでいた証拠だ。

　だが、内閣官房副長官補室にこのことをぶつけると、またしても「今までの政府の見解と変わらない」との見解だった。いくらファクトを発掘して突き付けても、理由を示さないまま見解を変えない。日本政府は反知性的だ。

　公文書二三件のうち一三件は外務省の「支那渡航婦女の取締に関する件」と題した一九三八年の機密文書が占めた。いずれも在中国の領事館と本省の連絡内容だった。

　済南（山東省）総領事から外相に宛てた報告書は、日本軍の進出により現地で風俗業の女性が増加していると記録。「芸酌婦四三八《ママ》名（内地人芸妓一〇一、同酌婦一一〇、鮮人酌婦二二八）の多きに達せり」「皇軍の前進する場合を見越して四月末までには少なくとも当地に五〇〇の特殊婦女を集中し」と詳述されている。さらに、徐州占領後には彼女らが「軍用車に便乗」して一八六人が南下したと記している。朝鮮人慰安婦の多さも目立つ。青島《チンタオ》（山東省）総領事の報告書では「海軍側は……芸酌婦合計一五〇名位増加を希望し居り、陸軍側は兵員七〇名に対し一名位の酌婦を要する意向なるが」と書かれている。

日本政府は一九九一年から各省庁にある慰安婦問題の関連公文書を内閣官房に集める調査を始めた。収集した二三六件と被害者らへの聞き取りを基に河野談話を発表。収集文書は二〇一八年度までに計三四〇件に上っている。

中央大の吉見義明名誉教授（日本近現代史）に話を聞いた。吉見氏は、これまで「性病予防のため兵一〇〇人につき一名の割合で慰安隊を輸入す。一四〇〇〜一六〇〇名」という陸軍軍医の業務日誌はあったが、「七〇名に一名」とする公文書はそれよりも割合が大きい記述で興味深いと指摘する。「河野談話は軍の関与というあいまいな表現を使っているが、慰安婦制度を軍がつくり、維持し、運営していたことが分かる証拠だ。他の文書には『漫然渡来し醜業を強いられ』と、だまされて慰安婦にされた人がいることを外務省が認識している記述もある。当時の刑法にも違反する誘拐に当たり、河野談話にあった『本人の意思に反する強制性』も補強する内容と言える」。

政府は「軍が主体的に実施した」と責任の所在を明らかにし、あらためて被害者への謝罪と、教育など再発防止措置をとるべきだろう。

「歴史戦」にODA予算

こうしたファクトが積み重なっているにもかかわらず、組織的な仕組みだった慰安婦制度を否定したがっている日本政府。産経新聞など右派メディアだけでなく、実は政府も諸外国に対し、過去の歴史を否定する「歴史戦」を仕掛けている。歴史改竄という悪魔の所業に、なんと政府開発援助（ODA）予算が使われていたことをつかんだ。

ODAは言わずもがな、主に発展途上国に対し、インフラ整備や人道支援などを目的に実施する援助のことだ。それがなぜ歴史戦に使われたのか。配信記事のタイトルは「米弁護士報酬にODA予算　慰安婦訴訟で六千万円『目的と異なる』批判も」（二〇一五年二月）。どういうことか。

韓国、中国、台湾、フィリピンの元慰安婦一五人が二〇〇〇年九月、米ワシントン連邦地裁に訴訟を起こした。米国外での行為を裁くことができる米国内法「外国人不法行為法」を使い、日本政府を相手取って損害賠償を求めたのだ。これに対して在米日本大使館は、日本政府側の弁護を依頼した米国人弁護士に支払った報酬のうち、約四割をODA予算から支出していた。外務省の資料によると、見込み額も含め六〇〇〇万円と算出できた。

私は外務省アジア大洋州局地域政策課の資料「米国における元慰安婦による訴訟」を入手。分析すると、大使館は現地の顧問弁護士に弁護を依頼し、二〇〇〇年一〇月からほぼ毎月、数万～数百万円を支払っていた。二〇〇〇～二〇〇三年の報酬は見込み額も含め計約一億五〇〇〇万円と計上。うち四割がODAからとも記載されているため、ODA総額は約六〇〇〇万円となる。外務省に取材すると「会計課の記録は破棄された」といい、裁判が終結した二〇〇六年までを含め、実際の支出総額は不明のままだ。

外務省会計課は支出を認めた上で「在外公館の経費にODA予算を支出するのは国際ルールに基づいている」として、問題ないとの見解を示した。

裁判は、米司法の管轄権の有無が争点となり、最高裁は二〇〇六年二月、「政治問題に介入できない」として却下し、日本政府の勝訴が確定している。

取材を続けると、慰安婦訴訟だけでなく、世界中の日本大使館や総領事館などの在外公館で、日常経費の約四割がODAでまかなわれていることが分かった。先進国での車両購入費や職員の帰国旅費、はては職員のクリーニング代の支払いにまで、ODAが使われていた。

外務省によると、ODAの国際共通ルールを決める経済協力開発機構（OECD）の開発援助委員会（DAC）が一九八二年、経費もODAに含めることができるとのルールを決定。そこで外務省は九八年から、在外公館予算の約九割を占める一般行政経費について、ODAと非ODAを約六対四の比率で支出する方式を導入したという。国民の税金でまかなわれるODAは開発途上国の開発や貧困削減のために使うべきものだ。納得できない。

徴用工たちの声

「三菱は給料の半分を家族に送ると約束したんだ。しかし裏切られた」「給料を受け取るのは当然の権利だろう。裁判所まで行くのだけで体がつらいのに」

私がその後に何度も訪れることになる「韓国原爆被害者協会」陜湖《キホ》支部の事務所に初め

て足を運んだのは、二〇〇五年の夏だった。事務所のドアを開けるなり、汗を拭く余裕もなく私は固まってしまった。一、二人が取材に応じてくれるものだと思っていたのが、なんと十数人もの高齢男性が揃《そろ》っていた。全員、広島三菱元徴用工の被爆者だった。彼らは、当時まだ韓国語のつたなかった私に、日本語と韓国語を交えて口々に日本政府への怒りを訴えた。

彼らは日本政府と三菱重工を相手取り、強制連行、強制労働、賃金未払い、被爆などへの損害賠償を求め、一九九五年に広島地裁に提訴していた。二〇〇〇年には釜山《プサン》地裁に提訴し、韓国でも裁判を始めていた。取材を始めた時には、当初の原告四六人中、すでに二五人が鬼籍に入っていた。

畿湖支部は、ソウルから南へ約六〇キロの平澤《ピョンテク》市にある。水田が広がる韓国有数の米どころだ。戦争末期の一九四四年、この地域から多くの働き手の若者が、徴用されて広島三菱の機械製作所と造船所に送られた。

原告団の中心には、李根睦《イグンモク》さん（二〇一一年に八七歳で死去）がいた。「警察が徴用令状を持ってきた。会社は、月給四〇円の半分は家に送る、半分は手渡しだと約束した」と振

三菱元徴用工の被爆者たち、韓国原爆被害者協会畿湖支部（2007年1月20日）

り返る。新婚で妊娠中の妻と年老いた父を残し、諦めて泣く泣く広島へ渡った。

配置された「鋼管部」での仕事はきつく、食事はいつも足りなかった。「工場を抜け出して、一杯一五銭の雑炊を食べた」。米軍が原爆を投下した時は、出勤直後。職場は爆心地から数キロだったが、防空壕《ぼうくうごう》に入って命拾いした。工場も寄宿舎も完全に破壊され、会社の救助活動はなかった。物乞いをしながら食いつないで下関まで移動し、ヤミ船に乗って釜山を目指した。

「仲間が乗った別の船は機雷に触れて沈没し、二四六人全員が死亡した」。李さんは生きて故郷へたどり着いたが、そこで家族への送金が一度もなかったと知らされ、衝撃を受けた。困窮の生活が始まり、被爆の後遺症にも悩まされた。

二〇〇七年二月、釜山地裁は「時効」という冷酷な判決を下した。李さんらの言葉を聞こうと、前日から釜山に来て待っていた私に、李さんは「言葉もない」と言い捨て、用意された記者会見にも出ずに黙って平澤へ帰ってしまった。別の原告は「我々が死ぬのを待っているのか」と怒り心頭だった。

実際その通り、二〇一八年秋に後述する勝訴判決を生きて聞いた三菱徴用工は、一人もいなかった。日本での提訴から二三年がたっていた。

ヘイトの温床つくった大法院判決

勝訴判決とはどんなものか。二〇一八年秋、韓国の大法院（最高裁）が徴用工訴訟で、日本企業に賠償を命じる初の確定判決を下した。これを機に、日本政府や日本メディアは日韓対立をあおり、ヘイトスピーチの温床をつくった。感情的になった日本社会は、韓国に対し「国際的な約束を破る国」という誤ったイメージを強めていった。

大法院は一〇月三〇日、新日鉄住金（現・日本製鉄）に対し、韓国人元徴用工四人に四億ウォン（約四〇〇〇万円）の損害賠償を命じた。続いて一一月二九日には、三菱重工業に対し、元徴用工五人（遺族が継承）と元女子勤労挺身《ていしん》隊員四人、親族一人にも賠償を命じた。

大法院は「原告らの損害賠償請求権は、日韓請求権協定の適用対象に含まれない」と判断した。逆に「請求権協定で解決済み」との立場を貫く日本政府の反発は、度を越したものがあった。

安倍首相は「あり得ない判断だ。国際裁判を含め、あらゆる選択肢を視野に入れて毅然と対応する」と表明し、河野太郎外相は李洙《スフン》勲駐日大使を外務省に呼んで「法の支配が貫徹されている国際社会の常識では考えられない」と抗議した。また、別の場では「一〇〇パーセント韓国側が責任を持って考える問題だ」と言い放った。

日本政府は、韓国で同様の訴訟を抱えている日本企業に対し、賠償に応じないよう説明会を開いたという。政府の反発を多くのメディアもなぞり、日韓関係はどんどん悪くなっていった。

一九六五年に結ばれた日韓請求権協定は、日韓両国と国民の間の財産や請求権の問題が「完全かつ最終的に解決されたことを確認する」と明記している。しかし実は、日本の司法も政府も、請求権協定では個人の請求権は消滅していないとの立場だ。「解決済み」と繰り返すのはミスリードにあたる。

二〇一八年一一月一四日の衆院外務委員会。河野外相は「個人の請求権が消滅したと言うわけではないが、完全かつ最終的に解決済みだ」と答弁した。外務省の三上正裕《まさひろ》国際法局長も「権利自体は消滅していない。しかし、裁判に行ったときには、それは救済されない」と答えた。

慰謝料請求権は消滅しておらず、日本で裁判を起こすことはできるが、敗訴となることがあらかじめ決まっている。よく分からない論理だ。だからこそ原告らは、日本での裁判を終え、韓国司法に訴えた。その結果の勝訴だ。

そもそも請求権協定は、朝鮮戦争で疲弊した韓国と、反対に特需となった日本との間に結ばれた、不均衡なパワーバランスの上に成り立った経済協力の約束だ。現金が支払われたわけでもない。当時の日韓両政府の思惑で被害者は置き去りにされた。日本では、判決を「韓国では憲法の上位に国民情緒法がある」と揶揄する声もあるが、日本社会こそ、感情論に流されているのではないか。

和解経験

グローバル企業が他国の司法判断に従うのは自然な流れだ。和解例もある。広島県・安野水力発電所建設現場への中国人強制連行被害者と西松建設との二〇一〇年の和解の他、二〇一六年には三菱マテリアルが中国人被害者と和解に踏み切り、一人あたり一〇万元（約一六四万円）を支払った。

日本製鉄には韓国人との和解経験がある。釜石製鉄所（岩手県）に動員され、米軍の艦砲射撃で犠牲となった韓国人徴用工の遺族に対し、当時の新日鉄は人道的立場から原告一人につき二〇〇万円を支払った。新日鉄は二〇一二年の株主総会で、韓国の判決に従わざるを得ないとも発言している。また、三菱重工には、和解交渉を続けていた時期もある。

企業活動を縛ろうとしているのは、請求権協定ではなく、日本政府だ。

二〇一八年一一月一二日、来日した原告側弁護士らが東京・丸の内の新日鉄住金本社を訪れた。大法院判決に基づき賠償金の支払い方法について協議するためだったが、会社側は面会を拒否。受付で、警備員に「日韓請求権協定や日本政府の見解に反するもので遺憾だ」とのメモを読み上げさせた。

会社のこうした対応は、原告側の姿勢をかたくなにさせるだけだった。林宰成《イムジェソン》弁護士は「法治国家の企業であるなら判決に従うべきだ」と語気を強め、金世恩《キムセウン》弁護士は「差し押さえの手続きに入る」と話した。だが、強制執行に踏み切れば、日韓関係はますます冷え込んでしまうだろう。

翌一九年二月には、再び両弁護士らが来日し、新日鉄住金本社を訪れた。寒風の中、またも門前払いだった。しかもこの日は右翼団体が弁護士らを狙って街宣車で乗り付けた。特攻服姿の男性がハンドマイクで「インチキ朝鮮人。さっさと帰れ、この野郎」などとヘイトスピーチを繰り返した。金世恩弁護士は「帰れと言われたのは分かった。ひどい」と表情を曇らせた。

大法院判決は、強制動員・強制労働の被害を受け、戦後も苦労した元徴用工や元挺身隊員らの人権回復を遅まきながらも求めるものだ。嫌韓をいたずらにあおることなく、企業が慰謝料を支払い、加害国が謝罪することが、最も道義にかなった解決策だ。やるべきことは、日本側にある。

強制連行の数

そもそも強制連行とは何だったのか。日本は、植民地だった朝鮮半島と台湾から軍人や軍属、労働者を動員した。朝鮮では、韓国併合前の一九〇八年に憲兵補助員として軍属の採用を開始。軍人採用は三八年に陸軍特別志願兵制度として始まった。四四年には朝鮮でも徴兵制が敷かれた。

労働力としては、日本政府は一九三七年の日中戦争開始後、朝鮮人を日本やサハリンの炭鉱や工場に動員し、過酷な労働に従事させた。民間業者による「募集」から、強制性のある「官斡旋《あっせん》」、最終的に「徴用」へと変遷した。労働者の未払い賃金は戦後、各企業が法務局に供託した他、郵政省に預けた。五〇年の労働省（当時）調査では、約一五万人に計約一七三二万円の未払い金があった。

歴史研究者の竹内康人氏は、各種公文書から動員数を以下のように調べている。

【労務動員（一九三九〜一九四五年）は約八〇万人】

・内務省「労務動員関係朝鮮人移住状況調」によると、一九三九〜一九四三年末に四九万二九五五人が日本に動員された（募集、官斡旋、徴用）。

・「朝鮮総督府鉱工局勤労動員課長メモ」によると、動員数は四三年度一二万八二九六人、四四年度二八万五六八二人、四五年度一万六二二人。月ごとの動員数も記録。

・これらの資料を統合すると日本への動員総数は約八〇万人と集計できる。

【軍人・軍属動員は約三七万人】

・外務省「朝鮮人戦没者遺骨問題に関する件」（一九五六年）によると、陸軍約二五万七〇〇〇人、海軍約一二万人の計約三七万七〇〇〇人。

・厚生省「朝鮮在籍旧陸海軍軍人軍属出身地別統計表」（一九六二年）によると、二四万二三四一人。

・厚生省の数は名簿が失われたものを集計していないため、約三七万人と集計できる。

【死亡者は約八万人】

・労務動員の死亡者名簿集計は約一万人。
・韓国原爆被害者協会が推計する広島・長崎の被爆死者数は約四万人。
・外務省の前記資料では死亡者推計二万二三四五人。
・厚生省の前記統計表では死亡者二万二一八二人。
・靖国神社の朝鮮出身者合祀《ごうし》は約二万一〇〇〇人。
・集計すると八万人近くに。

李熙子《ヒジャ》さんとの出会い

私が従軍慰安婦、徴用工、日本軍の朝鮮人軍人軍属など強制連行問題を取材するきっかけとなったのは、私が韓国でフリージャーナリストとして活動していた二〇〇五年、李熙子さんとの出会いだった。李さんは韓国にある遺族会の一つ「太平洋戦争被害者補償推進協議会」の共同代表だ。これまで幾度となく取材してきたが、印象深いのは二〇一九年の三月、李さんの父親の「墓」を訪ねた時のことだ。

韓国・ソウル市から南に車で一時間半ほどの山麓に、「望郷の丘」と名付けられた国立墓地がある。元従軍慰安婦など日本による植民地支配の被害者たちが眠る場所だ。

青々としたなだらかな草地に、小さな墓石がどこまでも続いている。入り口から一〇分も歩いただろうか。一つの墓の前で、「ここだ」と花を手にした李さんがしゃがみ込んだ。他の墓石と違い、この墓石には何も刻まれておらず、表面がつるりとしている。李さんは「アボジ（父）の名前を靖国《やすくに》神社から外し、墓に名前を刻む日まで頑張ります」と、墓石に語り掛けた。

李さんの父は、李さんが一歳の時に旧日本軍の軍属として徴用され、戦後も帰って来なかった。やっと父の生死を知ることができたのは、四〇年以上がたった一九八九年になってからだ。自ら日本軍の記録を探す中、中国南方で戦病死していたことが分かった。さらに九六年に発見した記録には「合祀済」のはんこが。最初は意味が分からなかったが、調べると、戦後一四年たって靖国神社の神になったことを示す印だということが分かった。

韓国・天安市で父親の「墓」参りをする李熙子さん（右）と古川雅基さん（2019年3月24日）

「日本は、父の死を私たち家族に知らせなかったのに、靖国神社には知らせていた。私たち家族が、父の消息を知らずにどれだけ苦しんだのか分かるか。しかも、遺族の了解もなく父を創氏改名の日本名で、A級戦犯と同じ場所にまつり、英霊にした。天皇を守る神にした」。その怒りは深く、日本各地での証言会や、裁判で証言に立つたびに、声を震わせ、涙を見せた。

李さんは韓国で遺族会に入り、軍や企業に動員され、李さんと同じように父を亡くした多くの遺族と出会い、痛みを共有してきた。遺族会の代表となり、他の原告たちと一緒に、日本で靖国神社合祀取り消し（霊璽簿《れいじぼ》からの削除）を求める裁判を始めた。

二〇〇一年に始まった裁判は、一一年に最高裁で敗訴が確定した。李さんは「囚《とら》われた父を靖国から連れ戻さなければ、墓に名を刻めない」と語る。

日本側支援団体の存在

李さんが父親の最期の地を中国大陸に探し、靖国神社に父親の名前の削除を要請しに行く行動を追ったドキュメンタリー映画がある。二〇〇五年に日韓合同で制作された「あんにょん・サヨナラ」だ。李さんとの共演者に選ばれたのは、数多くの日本人支援者の中でも代表的存在である神戸市職員の古川雅基さんだ。古川さんら多くの日本人支援者がいたからこそ、李さんら韓国人遺族は日本政府に対して真相究明と遺骨を求める運動ができている。古川さんらはなぜ、そうした活動に身を投じたのだろうか。

李さんと古川さん、二人の出会いは一九九五年、阪神・淡路大震災の直後だった。市職員の古川さんが神戸市長田区のテント村で被災者対応に追われていたところに、李さんが市民団体の招きで交流に訪れた。

活動を始めたばかりのこの頃、李さんの日本に対する憎しみは大きく、公園での証言集会で李さんは、「今も悔やんでいる」と振り返る発言をした。震災を「被災者の皆さんにお見舞いを申し上げます。これは日本人に天罰が下されたんだと思います」と言ったのだ。驚いた古川さんは「そこまで怒るのはなぜだろう」と思い、歴史を学び始めた。それから、李さんら日韓の狭間《はざま》に取り残された戦争遺族らのために活動を続けてきた。李さんらが日本で裁判を始めると、日本側支援団体「在韓軍人軍属裁判を支援する会」の事務局長を引き受けた。自費での韓国渡航は四〇回以上。多くの遺族と出会い、痛みを共有してきた。

二〇年以上にわたって日韓の負の歴史に向き合い、遺族に寄り添ってきた古川さん。韓国に渡るたび、遺族らとの再会を喜び抱き合う。韓国語は分からないが、酒を酌み交わし、一緒に泣き、笑う。李さんは私に「罰が当たったのひと言を、今も後悔している。被災者と日本政府とは何の関係もないのに。苦労して私の父を捜す日本人たちは家族よりも絆《きずな》が深い」と打ち明けた。

李さんと古川さんが靖国神社を訪れるシーンが映画にある。そこでは二人を含む訪問団が右翼団体の男たちから激しいヘイトスピーチを浴びせられる。「朝鮮人は帰れ」と暴力で追い出され、社殿にたどり着くことはできなかった。「英霊」の娘への仕打ちがこれだ。

強制連行犠牲者の遺児たち

李さんと家族は、大黒柱としての父親がいなくなってから、貧しい生活の中で家族がばらばらになった。強制連行の被害者の子どもたちは、ほとんど全員が同じような経験をしている。働き手をなくした貧困と生活苦、息子や夫の帰りを待ちわびながら病気になって死んでいく祖父母や母親。子どもたちは母親が再婚したために親戚の家に預けられたり、孤児となったりして、戦後、当時最貧国の一つだった韓国で、幼いながら必死で自力で生きる道を模索していた。

二〇一八年九月、東京地裁で靖国合祀取り消し訴訟（第二次訴訟）の原告本人尋問があった。この日は原告の一人、李明九《ミョング》さんが証言に立った。彼の父はずっと徴用から逃げ回っていたが、四回目に警察が家を訪ねてきた時に見つかり、連れて行かれたという。父の不在中に母、祖父、祖母が続いて亡くなり、国民学校一年生の明九さんは幼い弟と二人暮らしになってしまった。

食べるものもなく、周囲に助けてくれる大人もいなかった。日に日にやせ衰えていく弟を救う知恵は、幼い明九さんにはなかった。「母の葬式の時、祭壇に飾った梨を弟がほしがって泣いた。でも『あれはオモニの梨だから食べては駄目だ』と叱ったんだ。あの時、あの梨を食べさせてあげれば良かった」。弟を死なせたことを悔いる明九さんの涙声が静まりかえった法廷に響く。裁判所側が用意した通訳人さえも声を詰まらせ、傍聴席からもあちこちですすり泣きの音が聞こえた。

強制連行被害者の子どもたちは、このような悲惨な貧困時代を送った。父親の生死を確かめる余裕ができたのは、家族を持ち子どもが成長した後の八〇年代に入ってからだ。韓国社会も、一九八七年の民主化までは、自由に日本の戦後責任を問い、運動するような状況ではなかった。

日韓連帯が始まった九〇年代

日本政府は戦後、日本軍の軍人・軍属だった朝鮮人戦死者のリストを靖国神社に無断で伝え、国交のなかった韓国や北朝鮮には伝えなかった。韓国では一九八七年の民主化後、九〇年頃から日本の加害責任と戦後補償問題の議論が本格化し、行方不明者や死亡者の調査が始まった。その頃には貧困から抜け出していた家族らも遺族会などに加わり調査を始め、日本政府や靖国神社を相手取って訴訟も始まった。

韓国の民主化運動が一段落し、日本への渡航も自由になると、平成に入る一九八九年頃から市民レベルの日韓交流は一気に進んだ。同時に日本でも加害の歴史を考える機運が高まり、政府レベルでも慰安婦問題では軍の関与と強制性を認めた九三年の河野談話、植民地支配を謝罪した九五年の村山談話などに結実した。

李煕子さんら強制連行被害者の子どもたちが父親の記録を探し当てたのもこの頃だ。日本政府が韓国政府に軍人・軍属、徴用者の名簿を提供したのは、一九七一年の「被徴用者死亡者名簿」を除くと、九〇年代に入ってからだ。九一年に徴用者の名簿を提供した後、九三年になってやっと、多くの名簿が韓国政府に提供されている。遺族会に入った人たちはそのことを知り、自ら韓国・国家記録院に問い合わせ、苦労して名簿から父親の名前を捜し出した。

情報公開が進めば問題は次の段階に移る。責任を取らせることだ。慰安婦、軍人軍属、徴用工などの強制連行問題がクローズアップされ、日韓両国で多くの訴訟が始まった。韓国人の被害当事者や遺族が声を上げるだけでなく、日本の市民運動の力が大きく影響した。日本の市民運動家たちがいなければ、日本の加害責任を問う戦後補償運動は始まらなかった。そして、運動が盛り上がる契機となったのが、一九九一年八月一四日の金学順さんのカミングアウトだった。「私は慰安婦だった」と表明したインパクトは、日本でも韓国でも、非常に大きかった。

それまで日本国内では、韓国人被爆者や李鶴来《ハンネ》さんら韓国人BC級戦犯、在日韓国人軍人軍属の戦傷者らの補償運動などがあったものの、日本での戦後補償運動の主流は日本人被爆者や東京大空襲など空襲被害者の民間人救済など、日本人の被害を訴えるものが多く、自ら加害に向き合う運動が大きな力を持っていたとは言いがたい状況だった。

李さんが古川さんらと運動をする中で、怒りの矛先を日本全体ではなく日本政府に向けていったように、韓国人被害者や遺族たちが日本の市民団体と交流する中で、心を癒やしていくという一面もあった。「関釜裁判」の元慰安婦の原告女性もそうだった。

「戦後責任を問う・関釜裁判を支援する会」の花房俊雄さん、恵美子さん夫妻（福岡市）が振り返る。「多くの日本人が真剣に話を聞き、彼女らに和解の心も芽生えていった」。最初は「日本人はみんな鬼だと思っていた」と話していた被害者が、日本人支援者の家に泊まって交流し、一緒に運動していく中で、日本人支援者に心を開いていく。一緒に歌い、踊り、心から笑い合う。日本政府は敵だが、日本人全員が敵ではないのだ。

元慰安婦が日本政府に賠償を求めた日本国内での一〇件の訴訟のうち唯一、一審で一部勝訴した「関釜裁判」。一九九八年山口地裁下関支部判決は、国が賠償法を制定しなかった責任を認定、一人あたり三〇万円の賠償を命じた。判決は二審で覆り、二〇〇三年に最高裁で原告敗訴が確定したが、強制連行も含めて九〇年代に相次いだ戦後補償裁判が一審段階からことごとく原告敗訴となる中で注目を集めた。

花房さんは「原告たちは、法廷で加害国への怒りを込めて被害を語ることで、尊厳を取り戻していった」と話す。

海に響く「アボジ!」の声

山口県下関市の港に、高齢男性の韓国語が響いた。「アボジ（お父さん）！　やっとここまで来ました！」。

二〇一四年五月、晴れ渡った気持ちのいい天気だった。近くのスーパーで買ってきた果物を、岸壁の上に並べる。韓国の祭壇でそうするように、一部を切り取り、上に積み重ねる。韓国ソウル市から来た姜宗豪《カンジョンホ》さんは、韓国伝統の喪服に着替え、果物の前でお辞儀をして父に祈った後、海に向かって力の限り叫んだ。

漁師だった父は、姜さんの生後すぐ船員として日本に徴用され、帰って来なかった。「父がおらず、本当に苦労して育った」。死亡通知がなく、命日も分からない。

記録を捜し出したのは、日本の市民団体「日本製鉄元徴用工裁判を支援する会」のメンバーたちだ。遺族に遺骨や未払い賃金を返そうと調査を続け、姜さんの父が動員先の企業で加入したはずの年金記録に着目した。各地の年金事務所に、創氏改名後の日本名や職業などの手がかりを伝え、照会をかけた。

その結果、「西大洋漁業統制」（現・マルハニチロ）での勤務歴を示す船員保険が見つかり、船の拠点があった下関港を追悼に訪れることができた。

年金事務所からは姜さんのケースを含め、三人分の情報が判明した。二〇年以上も父の行方を捜していた崔洛勲《チエナツクン》さんの記録調査には、私も微力ながら協力した。最後は福岡県の貝島炭鉱で加入した年金記録を捜し出し、崔さんに渡すことができた。ただ、死亡記録は見つかっていない。崔さんは「最期の場所を捜し出し、祭祀（チェサ）をしたい。できれば遺骨も捜し出したい」と願う。

強制連行被害者たちの記録発見が相次いでいるのには理由がある。二〇〇七年、社会保険庁（当時）の記録に不備が見つかった「消えた年金記録問題」を機に、記録が再整理された。戦時中の年金記録のデジタルデータ化も進み、検索が可能になったようだ。「支援する会」の上田慶司さん（大阪市）は「やむを得ず自分たちで探すと、次々と記録が見つかった。国が探せばもっと早く遺族に渡せたはず。遺族は高齢化しており、急いで調査してほしい」と話す。

年金以外にも、従軍慰安婦を含む軍人・軍属が使用した「軍事郵便貯金」を保管するゆうちょ銀行に問い合わせたところ、十数人分の記録が見つかっている。ゆうちょ銀行には朝鮮人労働者の未払い賃金が入金された貯金通帳数万通があることも分かった。

強制連行朝鮮人の賃金

戦時中に日本各地の企業に動員された朝鮮人名義の数万冊もの郵便貯金通帳が、本人に無断でゆうちょ銀行福岡貯金事務センター（福岡市）に集約、保管されていることが二〇一三年九月、ゆうちょ銀行への取材で判明した。貯金はほとんどが戦時中の未払い賃金と見られる。

戦時中、企業の多くは逃亡を防ぐために賃金の全額を朝鮮人労働者に渡さず、一定額を郵便局などに強制貯金していた。郵便貯金の多くは終戦時の混乱で本人に渡されず、戦後も通知されなかった。

ゆうちょ銀行広報部は取材に「一般論として（個人の請求権は消滅したとする一九六五年の）日韓請求権協定で完全かつ最終的に解決している」と回答、払い戻しは困難との認識を示した。通帳そのものの返還についても「所有権を弁護士に相談中で、答えられない」とした。

通帳には氏名、金額、住所が記載され、そのうち氏名と取引金額をデータ化する作業を続けているという。冊数と総残高は「整理中のため数万冊としか答えられない」と回答。口座が閉鎖されたかどうかの質問には答えなかった。口座が閉鎖されず有効であれば、残高は利子で増え続けていることになる。

戦時中の郵便貯金は、この数万冊以外に、二種類が「郵便貯金・簡易生命保険管理機構」（東京）に保管されている。一つは旧日本軍の軍人・軍属が戦地で利用した「軍事郵便貯金」約七〇万口座の約二一億円。もう一つは朝鮮や台湾、南洋諸島などの支配地域で利用された「外地郵便貯金」約一八〇〇万口座の約二二億円。いずれも日本人も含めて払い戻しは進まず塩漬けとなっている。

日本の支援団体は、未払い賃金の支払いと、通帳そのものの返還などを求めている。日本の市民運動が加害に向き合い、日韓連帯して真摯に歴史に向き合った成果は、他にもたくさんある。ほとんどの裁判で負け続け、遺骨の行方も分からず、靖国神社は合祀を取り消さない。何も成果を生み出せていないように見えるが、真摯な日本人支援者たちの粘り強い運動が、彼ら彼女らの「恨」を少しは解いたのではないか。ヘイトスピーチの対極にある崇高な取り組みだ。

慰安婦、徴用工に代表される強制連行の問題は、日韓の市民運動が築いてきた歴史がある。韓国側の運動は、文在寅《ムンジェイン》政権の土台の一つにもなっており、現政権との親和性が高い。日本政府が歴史問題で全く歩み寄りの姿勢を見せないのであれば、日韓関係は冷え込んだままになってしまう。徴用工問題をめぐって、安倍政権から菅政権に変わっても、日本政府の立場はかたくなに「韓国側が何とかすべきだ」の立場を貫く。日本の市民運動が何をなし得てきたのか、政府は足元を顧みるべきだ。

三・一節一〇〇年にヘイト攻撃

大勢の歩行者が夕暮れ、ＪＲ新宿駅東口周辺をのろのろと通り抜けながら、異様な風景と騒音に顔をしかめていた。二〇一九年三月一日は、朝鮮半島で日本の植民地支配に抵抗した「三・一独立運動」から一〇〇年となる日だった。日韓友好を願う約六〇〇人の市民が集まり、歴史に思いをはせる街宣活動を行った。そこにヘイトスピーチを行う一団が、妨害するようにスピーカーを向け、「帰れ」と叫んでいた。

戦後補償問題などに関わる人々があいさつに立ち、「朝鮮人強制労働被害者補償立法をめざす日韓共同行動」の矢野秀喜事務局長は「今日は反日キャンペーンの日ではない。韓国・文在寅大統領からの『植民地支配の被害者が癒やされれば日韓は親友になれる』という呼び掛けに応えるべきだ」と、徴用工問題などの早期解決を訴えた。

「日本軍『慰安婦』問題解決全国行動」の梁澄子《ヤンチンジャ》共同代表は、三・一運動で日本軍に殺された犠牲者に触れ「今日事実を語るべきだったのは日本の首相だった。しかし日本政府は、韓国のデモに近づくなと呼び掛け、無用な危機感を高めるだけだった」と批判した。

参加者は「加害の歴史を直視しよう」「日韓連帯、日朝友好」などと声を合わせた。しかし、この平和的な街宣のすぐ横、アルタ前には、「日本第一党」の桜井誠党首ら、日章旗や旭日旗を手にする一団が盛んに「一〇〇年前のことはどうでもいい」「朝鮮人は朝鮮へ帰れ」とヘイトスピーチを叫び、妨害した。

追悼碑への攻撃

イベントへの攻撃だけではない。ヘイト団体、右翼団体は、全国各地にある朝鮮人、中国人の強制連行犠牲者追悼碑などに「日本人を貶める」「史実と違う」などと攻撃を加え、撤去を求めている。追悼碑は、負の歴史を後世に伝え、二度と過ちを繰り返さないよう戒めるものであり、被害者に謝罪するものでもある。先人が残した追悼碑が今、危険にさらされている。

奈良県天理市では、飛行場建設のために強制連行があったと記した説明板に対し、「強制連行の根拠はない」などとメールや電話で十数件の批判が寄せられた。

説明板は、天理市が一九九五年、日本海軍の柳本飛行場跡地に設置した。朝鮮人の労働者や女性が強制連行されたことや、慰安所があったことなどを解説していた。並河健市長はたった十数件の批判を受け、二〇一四年四月に説明板を撤去。「強制性の点も含め、市の公式見解と解される掲示は適当ではないと判断した」とコメントした。

地元市民団体「天理・柳本飛行場跡の説明板撤去について考える会」は、一九年四月、近くの民有地に説明板を再設置している。

こうした事例は天理市だけではない。北海道猿払《さるふつ》村では一三年、飛行場建設に動員された朝鮮人被害者を追悼しようと、地元住民と韓国政府機関が村有地に追悼碑建設を計画。だが、村に抗議の電話が相次ぎ、設置に必要な申請がなかったことが判明したため、除幕式は中止され、碑は撤去された。

最も有名なのは「群馬の森」事件だろう。ターゲットとなったのは、群馬県高崎市の県立公園「群馬の森」にある朝鮮人労働者の犠牲者追悼碑だ。表には日本語とハングルで「記憶　反省　そして友好」と刻まれている。〇一年に群馬県議会が全会一致で趣旨採択し、〇四年に市民団体が設置したものだ。

市民団体は当初「強制連行」を裏側の碑文に盛り込む考えだったが、県が難色を示したため、「労務動員」の表現で決着していた。それでも一二年ごろから、各地でヘイトスピーチを繰り返している「そよ風」という名の「日本を愛する女性の会」などから、「追悼碑の内容が真実でない」との抗議が県に届くようになった。さらに、碑の前で設置団体が毎年開いていた追悼式では強制連行への言及があり、県は追悼式が碑の設置条件に違反する「政治的行事」になっていると判断。一四年、追悼碑の設置許可を更新しないことを決定した。県の担当者は取材に「強制連行は政府見解でなく、政治的発言に当たる」と話した。

反発した設置団体は、処分取り消しを求めて提訴。一時、碑はブルーシートで覆われた。

一審・前橋地裁判決は「一部の追悼式が政治性を帯びることは否定できない」としたものの、公園の利用者減少などの具体的な支障は生じておらず、処分は裁量権を逸脱し違法だと判断した。二審・東京高裁の判決は二一年八月に言い渡される。設置団体側の弁護団は「訴訟の本質は歴史修正主義との闘いだ」と話している。

長野市の「松代大本営」象山地下壕入り口の説明板は一四年一一月、強制的だったという見解と、必ずしも全てが強制的ではなかったという見解を併記する形に変更された。

福岡県飯塚市の市営霊園に市民団体が建てた追悼碑も強制連行の文言や動員人数に関して外部から抗議があり、市が碑文の修正を求めている。福岡県大牟田市の旧三井三池炭鉱などで犠牲になった徴用工の慰霊碑は、一五年一〇月に黒い塗料で碑文が塗りつぶされ、「うそ!!」と落書きされた。

長崎市では平和公園内にある長崎原爆朝鮮人犠牲者追悼碑の説明板について、地元の保守団体「敷島の風」が撤去を要求した。代表者は「米国による原爆なのに、日本から強制連行されたせいで被爆したことになっていて、歴史認識が誤っている」と主張するが、市は撤去しなかった。市の担当者は「公園管理上は特に支障がないと判断した」と話す。

各地での動きについて、同志社大の太田修教授（日韓関係史）は「追悼碑や説明板は、過去の加害、被害の歴史を記憶し、二度と過ちを繰り返さないという約束のために必要だ。自治体は動じずに対応してほしい」と話している。

都知事の追悼文取りやめ

戦争被害の追悼碑ではないが、東京都墨田区の都立横網町《よこあみちょう》公園には「六千余名にのぼる朝鮮人が尊い生命を奪われました」と刻まれた、関東大震災の朝鮮人虐殺の犠牲者追悼碑がある。これも歴史改竄主義者からの攻撃にさらされている。

関東大震災が起きた九月一日には毎年、横網町公園で東京都慰霊協会主催の大法要が営まれる。皇族も参加する大規模なものだ。大法要と同時刻に、一九七四年から、公園内の朝鮮人犠牲者追悼碑前に数百人が集まって行われているのが、日朝協会東京都連合会などでつくる実行委員会が主催する朝鮮人犠牲者追悼式だ。

小池百合子東京都知事は、この追悼式への追悼文送付を、二〇一七年から取りやめた。二度と悲劇を繰り返さないと表明するのが都知事の務めのはずだ。虐殺の歴史を否定するつもりなのかとの疑問が募る。

追悼文は、「三国人発言」など在日コリアンらへの差別意識を隠そうともしなかったあの石原慎太郎知事さえ送っていた。

関東大震災では、混乱の中で「朝鮮人が井戸に毒を入れた」「朝鮮人が暴動を起こしている」などのデマが広がり、デマを信じた自警団や軍、警察が朝鮮人らを殺害した。政府の中央防災会議の公式報告書は、虐殺の犠牲者数を、約一〇万人に上る震災による死者数の「一～数パーセント」としている。一〇〇〇～数千人というわけだ。差別が背景にあったとも認定している。

小池氏は二〇一七年八月の記者会見で「昨年は慣例的、事務的に送付した。その後でたまたま知ったので、今回は私自身が判断した」と送付取りやめの経緯を語っている。理由については「三月と九月に都慰霊協会主催の大法要で犠牲となった全ての方々への法要を行っていきたいという意味から、特別な形で追悼文を提出することは控えた」と説明した。

虐殺という表現を避ける答弁に終始。歴史を否定するものではないかとの疑義に対しては「さまざまな歴史的な認識があろうかと思うが、関東大震災という非常に大きな災害、そしてそれに続くさまざまな事情によって亡くなられた方々に対して慰霊する気持ちは変わらない」「関東大震災という大変大きな災害があり、それに付随した形で、関連した形でお亡くなりになった方々は国籍を問わず多かったと思っている」などと語った。

震災の建物崩壊や火災で亡くなった犠牲者と、人為的に虐殺された犠牲者は同じだと言っているのに等しい。虐殺の歴史を否定する言動だと受け止めるのは自然だろう。

追悼文取りやめの陰にヘイト団体

なぜ小池氏は突然、追悼文送付をやめたのか。きっかけは、都議会での一般質問だ。故・古賀俊昭都議（自民党）がこの年三月の質問で、追悼碑の碑文について「事実に反する一方的な政治的主張と文言を刻むことは、日本及び日本人に対する主権及び人権侵害が生じる可能性があり、ヘイトスピーチであって、到底容認できない」として、碑の撤去と追悼文の再考を求めた。

質問の中で注目すべきは、古賀氏が「ぜひ目を通して」と小池氏に勧めた本だ。虐殺の史実を否定する『関東大震災「朝鮮人虐殺」の真実』（工藤美代子著、産経新聞出版）。はっきり言えば荒唐無稽な内容だ。この本は、朝鮮人虐殺問題に詳しい作家加藤直樹氏の著作『TЯICK トリック――「朝鮮人虐殺」をなかったことにしたい人たち』（ころから）によって、でたらめさが徹底的に追及されている。虐殺否定論はネット上のフェイクであり、トリックだという内容だ。正確な虐殺犠牲者数は、政府の中央防災会議が一〇〇〇〜数千人としたように「六〇〇〇人」だったかどうかは分からないが、虐殺そのものを否定する専門家はいないだろう。

加藤氏は「古賀都議の質問は虐殺を否定する荒唐無稽な主張だが、小池都知事が乗ってしまった。追悼文を出さないことは、今後、東京という多民族都市で震災が起きた時、少数者は守りませんという逆のメッセージを出すことになる」と話す。

しかし、追悼文送付をやめさせた古賀都議を「真の侍」と持ち上げた団体がある。前述の「群馬の森」事件でも出てきた「そよ風」だ。なんとこの団体、古賀都議や小池知事の動きに呼応するように、二〇一七年九月一日から毎年、横網町公園の朝鮮人犠牲者追悼式典のすぐそば、二〇メートルほどの場所で同じ時刻に「慰霊祭」を開くようになった。

ヘイトとフェイクによる歴史戦

「そよ風」のイベントは「真実の関東大震災石原町《いしわらちょう》犠牲者慰霊祭」と銘打っているが、奇妙な行事だ。なぜか。第一に、会場は警察官に守られ、私たち取材記者は関係者から追い出された。「六千人虐殺の濡《ぬ》れ衣《ぎぬ》を晴らそう」などの立て看板と日の丸が飾られ、本当に慰霊祭なのか疑問が膨らむ。そよ風は在特会とも共闘していた団体で、参加者の中にはヘイトデモの常連者もいる。川崎市でヘイトを繰り返す日本第一党の瀬戸弘幸氏も参加していた。

第二に、慰霊祭が始まると、なぜか朝鮮人追悼式側に向けられたスピーカーから、大音量の演説が流れてきた。妨害としか思えない。中身は「虐殺は嘘だ」などの歴史否定と、「不逞《ふてい》朝鮮人が略奪、強姦をした」などのヘイトデマだ。

第三に、石原町犠牲者慰霊祭とあるが、石原町（会場の横網町公園の東側一帯が石原町だ）の住民に知らされていないようなのだ。二〇一八年の慰霊祭の後、石原町の町会をいくつか取材に回ってみたが、誰も「そんな慰霊祭は知らない」とのことだった。いったい誰の

「そよ風」の慰霊祭に抗議する市民と排除する警察（2019年9月1日）

ためにやっているのか。

ジャーナリストの安田浩一氏は二〇一九年九月の「慰霊祭」の後に、石原町一丁目から四丁目の全町会に取材をした結果を記事「朝鮮人犠牲者追悼のウラで行われた『虐殺を否定する』慰霊祭」（現代ビジネス）で明らかにしている。全ての町会長が慰霊祭と町会は無関係だと断言し、安田氏は「地元の政治利用だ」と断じた。

以上のことから考えると、そよ風の目的は朝鮮人追悼式への妨害であり、虐殺否定論を唱えるイベントを毎年開くことによって「こうした考えもある」という両論併記の既成事実をつくり、追悼碑の修正や撤去を求めていく運動だといえる。二〇一七年に日本で公開された英米合作映画「否定と肯定」はホロコースト（ナチスドイツ下のユダヤ人虐殺）を否定しようとする歴史改竄主義者との法廷闘争がテーマだが、これと同じ構図だ。ヘイトとフェイクを使った明白な歴史戦。しかし、東京都はこの歴史戦に乗っかってしまった。

日朝協会東京都連合会などでつくる実行委員会が、二〇二〇年九月も例年通り朝鮮人犠牲者追悼式を開こうと、都に横網町公園の使用許可申請を出した。これに対して、都は初めて「公園管理上支障となる行為は行わない」などとする誓約書を書くよう要求してきたのだ。同様の誓約書はそよ風側にも要求しており、どうやらトラブルを起こす新参者のそよ風の方に書かせるのが主目的らしい。しかし都は、「公平に」追悼式の実行委にも誓約書を要求し、書かないのなら使用許可申請は受け付けないという。そよ風側が仕掛けた歴史戦がここまで来てしまった。

誓約書を書かないと追悼式に許可を出さない都の姿勢はおかしいと、複数の抗議行動が起きた。二〇二〇年六月、知識人一一七人が連名で声明を出した。声明は、そよ風が「虚偽に基づくヘイトスピーチを行っている」「朝鮮人犠牲者の追悼碑と追悼式を消滅させることを目的としている」と指摘。実行委とそよ風とを同列視して誓約書を双方に求める都の姿勢はおかしいとして、再考するよう要求するものだった。また、別の会社員男性は、追悼式に追悼文を寄せない小池知事を「差別、歴史否認主義にお墨付きを与えている」と批判し、使用許可を出すよう求める署名三万人分を都に提出した。

結局、都は方針転換し七月二九日、誓約書なしのまま追悼式実行委からの公園使用申請を受理した。さらに八月三日、そよ風の「慰霊祭」で発言のあった「犯人は不逞朝鮮人だったのです」などがヘイトスピーチにあたると都条例に基づいて公表した。これは次章で詳述する。

こうして九月一日、朝鮮人追悼式典は開催された。そしてまた、ヘイトスピーチがあったと認定したにもかかわらず、そよ風の「慰霊祭」も開催された。

震災時のヘイト

関東大震災時にあった差別状況は、一〇〇年近くがたった今でも全く同じだ。「朝鮮人が井戸に毒を投げ込んだ」「中国人の窃盗団が出ている」。インターネットが普及した今、災害時に必ずこうしたデマが投下され、拡散している。

デマには、被災地で外国人による犯罪が横行しているという悪質な投稿が目立つ。混乱時のこうした差別デマは、外国人を傷つけるヘイトクライムに結びつく危険性がある。

「デマかもしれないけど、それで気を付けるようになるからいいだろう」と言う人もいる。しかし、デマの流布で自分や家族、知人が傷つけられてしまうのではないか、外を出歩かない方がいいのではないか、と不安に思う外国籍市民の生活はどうなるのか。自警団が結成されることもある。自警団が外国人を不当に取り締まらないか。災害で混乱している被災地を、さらに混乱に陥れるデマはすぐに火消ししなければならない。

横浜市に住む韓国人の主婦（四〇歳）も嫌韓ムードの世の中を不安がっていた。近所の住民とは普段から仲良くしているが「テレビをつけたら韓国の悪口ばかり。大震災が起きたら、いつもと同じように私や子どもに接してくれるだろうか」と表情を曇らせる。災害を恐れるのは日本人も同じだが、外国ルーツの市民は、さらに差別という恐怖も抱えながら日常を暮らしている。

二〇一六年の熊本地震では、複数人が「朝鮮人が井戸に毒を投げ込んだ」とのデマをツイッターに書き込んだ。振り返れば、一一年の東日本大震災でも外国人による略奪行為があるとのうわさが流れ、実際にスタンガンを持って自警団に加わったという人までいた。もしこの自警団が、例えばボランティアに入っていた中国人留学生に遭遇していたらどうなっていただろう。想像しただけでも恐怖だ。

ただ、これらの悪質な投稿に対しては、それを上回る多数の市民が、デマを打ち消す投稿をしている。行政も動いている。二〇一四年の広島土砂災害では、広島県警が外国人窃盗団のデマを否定。一八年の大阪府北部地震では、法務省がツイッターで「差別や偏見をあおる虚偽の情報の投稿」に注意を呼び掛けた。行政機関が差別をあおるのではなく、差別を打ち消したことが、関東大震災の一〇〇年前とは逆の動きだ。希望はある。

普段から差別を許さないという雰囲気の強さがないと、緊急時にデマを信じてしまう市民が出てくるだろう。市民がデマを疑い、行政が即座に打ち消しに動けるよう、普段から差別行為一つ一つに地道に抗議しなければならない。

関東大震災の悪夢は二度と繰り返してはならない。差別を許さない、ヘイトを許さない、フェイクを否定する。これらは全て、次なる震災への備えでもある。

歴史否定を規制するドイツ

こうした歴史改竄によるヘイトに対抗する制度はつくれないものだろうか。実は、ドイツでは過去の歴史を否定する言動はヘイトとして取り締まりの対象となっている。ホロコーストを集会などで公然と容認したり、事実を否定したりした場合、五年以下の自由刑または罰金刑とする「ホロコースト否定罪」が刑法一三〇条（民衆扇動罪）に定められている。ナチスの賛美や犠牲者の尊厳を傷つける行為も犯罪だ。現に二〇二〇年一二月には、ホロコーストはなかったと繰り返し主張していた九二歳の女性が、禁錮一年の実刑判決を受けている。

龍谷大の金尚均《サンギユン》教授が解説する。「ドイツは『ユダヤ人を殺せ』といったヘイトスピーチだけでなく、『ホロコーストはなかった』という歴史否定や、『ナチスは良いことをした』という礼賛についても刑法に罰則を設けている。ナチスの歴史を反省して新しい国をつくろうという目的のためだ」。日本では「慰安婦は強制じゃなかった」「南京大虐殺はなかった」「関東大震災の朝鮮人虐殺はなかった」と言っても法規制の対象にはならない。

金教授は「差別の歴史がヘイト規制の議論の中で語られていないからだ」と指摘する。ドイツの場合は、国家として負の歴史を反省しているため、これを否定する動きを取り締まる。現在の日本の政治状況ではまだまだ難しそうだ。

被害者が一番被害を知っている

負の歴史を嘘だとする言説。これこそが、被害者を二重に苦しめる差別言動だと言える。生前、私の取材に「和解は加害者が謝らなければ成り立たない。被害者の言うことを認めて加害国が謝罪しなければ、和解はない」と話してくれたのは、元日本兵の高橋哲郎さんだった。高橋さんは日本の敗戦後、シベリアに五年抑留された後、中国の撫順《ぶじゅん》戦犯管理所に戦犯として六年間勾留され、そこで日本の加害責任について考えた経験がある。

商社の中国支店で働いていた一九四四年に現地召集された。中国語ができたので、訓練後、山東省済南市の五九師団司令部の宣伝報道班に配属された。仕事は、中国人捕虜による京劇団をつくること。近郊の村々を巡業して宣撫工作活動をした。

当時、日本軍の支配地域は都市部だけ。八路軍（共産党軍）の支配下にある地方を回り、農民を手なずけ日本軍に協力させるため、大衆受けする西遊記や水滸伝《すいこでん》を上演した。雰囲気も良く、一定の効果があった。しかし、戦局が悪化し、師団は今の北朝鮮にある咸興《ハムフン》へ移動。京劇団も解散した。

終戦後にソ連軍が入ってきて、シベリアへ送られた。強制労働の厳しさは「言葉では言い尽くせない」という。最後まで抑留されていた約二〇〇〇人の中から九六九人が戦犯として中国へ移送された。なぜか高橋さんもその中に入れられた。

戦犯管理所で高橋さんは、中国側の人道的な処遇に心を動かされ、他の日本人と共に自分の行為を振り返り、加害事実を認めるようになっていった。「当時私は中国人を嫌いではなかったが、やはり見下していた。被害者の立場になって考えるようになると、軽蔑の意識がなくなった」。

高橋さんはこう語っていた。「アメリカ人が原爆投下の歴史を否定すれば、広島、長崎の被爆者だけでなく、日本人みんなが怒るでしょう。被爆者が一番、原爆の被害についてよく知っている。南京大虐殺も慰安婦問題も同じ。被害者が一番、被害のことを知っているんだ」。

第六章　ヘイト包囲網

路上でのヘイト、サイバー空間でのヘイト、お上からのヘイト、歴史改竄のヘイト。なんと生きにくい世の中だろうとため息が出る。しかし、希望はある。差別に反対する声に押されて、差別を押さえ込む法制度ができつつあり、行政、民間の取り組みも進んでいる。包囲網はどこまで構築されていて、何が課題なのか。まずは現場やサイバー空間での抗議活動（カウンター）から順番に見ていく。

どちらに正義があるか

カウンターは粗暴な集団として批判されることがあるが、第二章でも書いた通り、カウンターがいなければヘイトが垂れ流しになってしまうことを考えれば、なくてはならない存在だとはっきり言える。憲法上の「表現の自由・集会の自由」としてヘイトデモは警察から一応、進行を守られる。「合法」なヘイト集団に対抗する行動は、どうしても粗暴に見えてしまうし、ある程度の粗暴さは仕方がない。要は、どちらに正義があるかだ。カウンターの基本姿勢は「非暴力直接行動」であり、暴力を許容しているわけではない。少し私の考えに付き合ってほしい。

ヘイト側とカウンター側が言い争っている構図を見て「どっちもどっち」と言う人には、声を大にして問いたい。どちらが正義なのかと。メディアが「どっちもどっち」のような論調で記事を書いたり、憲法学者が「表現活動を規制するのは慎重に」などとしたり顔で発言すれば、カウンターから「周回遅れの議論だ。二周遅れ、いや三周遅れ」などと批判される。ヘイトがもたらす悪影響を考えれば当然の批判だ。

組織的なカウンター行動を試行錯誤しながらつくり上げていった一人に、フリー編集者の野間易通《やすみち》氏がいる。二〇一三年に東京・新大久保のコリアタウンでヘイトデモが吹き荒れていた頃、本格的にカウンター行動を呼び掛けた。野間氏の著書『実録・レイシストをしばき隊』（河出書房新社）に詳しい。同じ頃、日本最大のコリアタウンである大阪・鶴橋でもヘイトデモが頻発していた。こちらでは在日コリアンを中心にした「友だち守る団」がカウンターを始めていた。東京のカウンターは日本人が多数だ。

徐々にカウンター行動への賛同者が増え、しばき隊だけでなく、さまざまな自由参加のカウンター市民が増えていった。二〇一三年三月、新大久保でのヘイトデモでは、ヘイト側より多い数百人がデモを取り囲み、路上で対峙した。「レイシスト帰れ」「排外主義くたばれ」などのプラカードを持ち、中指を突き立てる人々。トランジスタメガホンなどを使って「差別やめてとっとと帰れ」などと大音量でデモ隊を叱りつける人々。「日本の恥！在特会はレイシスト集団」の大きな横断幕がデモ隊に向けて広げられた。この混乱が何なのか、今、何が起きているのかを説明するビラを配る人もいた。ヘイトに反対する署名を集める人もいた。

これら多種多様な大勢のカウンターが、デモ隊の解散地点だった公園に先回りした結果、デモ隊は公園に入ることができず、警察は安全を確保するためにヘイトデモ参加者を駅まで見送り、「集団下校」させている。デモは止められなかったが、実質的にカウンターの勝利だ。

駆り出されるカウンター

こうした「無効化」のカウンター手法は現場で編み出され、今でも引き継がれている。

当時はヘイトスピーチ解消法もなく、警察はカウンター側を徹底して取り締まった。二〇一六年に解消法ができてからは、警察の態度はあいまいだ。カウンター側に一定程度配慮する場合もあるし、相変わらずカウンターを排除する場合もある。県警によって、現場によっても態度が違う。

いずれにせよ、二〇一三年三月の新大久保以降、告知されたヘイトデモのほとんどは警察に守られながらもカウンターによる猛烈な抗議を浴びることになった。ヘイトデモは徐々に小規模になっていき、回数も減っていった。

同時に、ヘイトデモに参加するのはコアな差別主義者に限られていく。コアな差別主義者たちの中には、カウンターの猛抗議を受けるのをどこか楽しんでいるように見える人もいる。彼らの思想を変えるのは無理だろうし、カウンターや世の中を挑発するようにデモや街宣を強行する確信犯たちを止めるのは、もはや不可能だろう。

師岡康子弁護士は前掲の『ヘイト・スピーチとは何か』で「規制がなされても、それでヘイト・スピーチを含む差別がすぐになくなるわけではない」と指摘している。「抗議行動を含む人々の差別撤廃の直接行動は、今後も差別撤廃に向けての最も重要な要素であり、法規制と矛盾するものではなく、補いあうものである」と、カウンターの必要性を説く。

実際、差別主義者はいつでも自由にデモ・集会を仕掛けるが、カウンターはそれを察知し次第、駆り出されることになってしまう。第二章の冒頭で、川崎市がヘイト禁止条例を制定したにもかかわらず、ヘイト街宣が強行され、カウンターが立ち向かった場面を描いた。カウンターはどうしても振り回されてしまうが、差別に反対し立ち向かう人々がいるということを、今後も示していくしかない。

カウンターによる「無効化」ではなく、表現には表現で対抗すべきだという意見もある。しかしこれまで見てきたように、ヘイトスピーチを表現だということはできない。在日コリアンを「ウジ虫、ゴキブリ」とせせら笑うヘイトスピーチに、どんな対抗言論が可能だろうか。当事者は黙り込むことしかできず、心を殺される。カウンターが「差別やめて帰れ」と叫んでヘイトスピーチをかき消す以上の方法は、今のところ見当たらない。表現には表現でやり返せという対抗言論を主張する人たちは、目の前で殴っている人に対し「暴力は良くない」と諭すだけなのだろうか。殴られている人に、終わるまで我慢しろと言うのだろうか。ヘイトスピーチは心を殴る行為なのに。

ネット空間の監視

ツイッター、フェイスブック、ユーチューブ、ヤフーニュースのコメント欄、掲示板などでは、ヘイトスピーチが蔓延している。カウンターはインターネットでも活動している。特に匿名性の高いツイッターでは、ヘイト投稿に対してツイッター社に通報する仕組みを使い、「ひどい書き込みがある」と多くの人に通報を呼び掛け、それぞれ通報し、削除させたり、アカウントを凍結させたりしている。カウンター側が差別投稿を繰り返すアカウントに対して、批判したり反論したり叱りつけたりする投稿をする場合もある。

二〇二〇年一一月の米大統領選では、ツイッターとフェイスブックはトランプ大統領による誤情報を含んだ投稿に警告表示を付けるという取り組みをした。例えばトランプ氏は、「不正の温床だ」と主張する大統領選の郵便投票について「最高裁判断は非常に危険だ。不正行為を可能にし、我々の法制度を弱体化させる。街頭での暴力を誘発する」と書き込んだ。ツイッターはこの投稿に「選挙や市民行事への参加方法に誤解を招いている可能性がある」と警告し、転載機能などを制限。フェイスブックは「郵便投票も投票所での投票も、米国で長い信頼の歴史がある」と注記した。

選挙でトランプ氏の敗北が決まった後には、SNS各社がトランプ氏のアカウントを凍結する事態に至った。二一年一月にトランプ支持派が議事堂を占拠した際に、トランプ氏が暴力を扇動したとの理由だ。今後も暴力を扇動するリスクがあるとの理由から、ツイッターのアカウントは永久に凍結された。ツイッターではトランプ氏のフォロワー数は九〇〇〇万人近くもいた。フェイスブック社は、フェイスブックとインスタグラムのアカウントを無期限で凍結し、グーグル社傘下のユーチューブもトランプ氏のチャンネルを凍結した。SNS各社の積極的な取り組みによって、トランプ氏は、テレビや新聞などの既存メディアを通さず、直接SNSで市民に語り掛けるというお得意の政治手法を封じられてしまった。

「BLM」(ブラック・ライブズ・マター、黒人の命は大切だ)運動では、黒人へのヘイトスピーチが放置されているページに広告を出していると企業イメージが損なわれるとして、大手企業がツイッター、フェイスブック、ユーチューブから次々に広告を引き上げる事態が起きた。IT大手はこれを受けて、ヘイトスピーチなど有害コンテンツの定義を定めて共通の報告基準をつくり、外部監査を実施することを決定した。

日本でも、ヘイトスピーチの多い「まとめサイト」などから、市民の声を受けて大手企業が広告を引き上げる動きがあった。まとめサイト「保守速報」にインターネット広告を掲載していた「エプソン販売」や「カタログハウス」などが「人種差別、ヘイトを容認するサイトになぜ広告を出すのか」などと指摘され、掲載を中止したのだ。「保守速報」はその後、広告欄が空白になった。こうした動きが根付けば、差別をネタにするサイトや投稿はある程度駆逐されていくだろう。重要なのは、差別サイトやヘイト投稿を、ネットユーザーが「許さない」と表明することだ。法的な規制も必要だが、差別をビジネスに利用させないという共通認識もつくっていきたい。

ネットパトロールする自治体

ネットを監視しているのはカウンターだけではない。ネットを定期的にモニタリングし、プロバイダーに削除要請したり、法務局に通報したりする部署を設けている自治体もある。

先行する自治体の多くは、部落差別を長年モニタリングし、ノウハウを持つ西日本の自治体だ。一般社団法人「部落解放・人権研究所」によると、全国二〇〇以上の自治体が監視体制を持っている。

「在日とか部落系の会社教えてください」「福山の同和地区はどこ」――。これらは、広島県福山市の人権・生涯学習課がネット掲示板で見つけた書き込みの一部だ。高橋雅和課長は取材に「こうした質問を放置すると差別を助長する。早めに芽を摘まなければいけない」と話す。

福山市はこうした差別書き込みを発見次第、掲示板管理者に削除を要請している。二〇〇〇年に監視を始め、一七年度末までに五〇九件の削除を要請。うち三六五件が削除された。多くが部落差別に関する書き込みだった。

兵庫県尼崎市も、ダイバーシティ推進課が監視に当たっている。二〇一九年度は一〇六四件の削除を要請し、うち八八三件が削除された。市と直接関連のない投稿も含め、差別書き込みを削除させている。担当者は「在日コリアンの殺害予告など、ひどい書き込みもあり、尼崎市と関連のないものも削除要請をしている」と話す。両市には他自治体からの視察が増えており、取り組みは少しずつ広がっている。

大阪市は、「大阪市ヘイトスピーチへの対処に関する条例」（ヘイトスピーチ抑止条例）に基づき、二〇一六〜二〇一九年度にかけてネット上の動画四件、記事三件、街宣の一件をヘイトと認定した。動画の中身は大阪市内であった在日コリアン排除を呼び掛けるデモや街宣活動で、いずれも削除された。

条例がヘイトを認定

大阪市がネット上のヘイトを認定し削除要請するのは、ヘイトスピーチ抑止条例に基づいた取り組みだ。二〇一六年五月に成立したヘイトスピーチ解消法より前の一月、全国に先駆けて成立し、七月に全面施行された。

大阪市条例は、ヘイトスピーチを認定する仕組みと抑止策を定めた。市民や市内に通勤・通学する人に向けられた差別言動が対象で、社会から排除する目的での誹謗中傷や、脅威を感じさせるような言動をヘイトスピーチと定義。表現行為には市内でのデモや街宣活動だけでなく、これらを記録したＤＶＤの配布や動画や画像のインターネットへの投稿も含めた。

ヘイトスピーチをしたと認定された個人や団体名が公表されることが特徴だが、表現の自由を考慮し、街宣活動や集会を事前に制限する規定はない。実際にまとめサイト「保守速報」と運営者の栗田香氏や、「朝鮮人のいない日本を目指す会」の川東大了《かわひがしだいりょう》氏らの言動がヘイトと認定され、名前が公表された。

都道府県レベルでは、東京都が二〇二〇年東京五輪・パラリンピックに向け、五輪憲章を受ける形で「東京都オリンピック憲章にうたわれる人権尊重の理念の実現を目指す条例」を制定した。ヘイトスピーチを規制し、ＬＧＢＴへの差別解消を目指す。二〇一八年一〇月成立、一九年四月に全面施行された。

都知事がヘイトスピーチについて基準を設け、公共施設の利用を制限できるとし、実施団体名の公表、インターネット上の書き込みや動画の拡散防止措置も可能だ。ただ、ＬＧＢＴへの差別は禁止しているものの、ヘイトスピーチに関しては「不当な差別的言動の解消を図る」との表現にとどまった。

この条例に基づき、都は二〇二〇年八月、関東大震災の朝鮮人犠牲者追悼式を妨害する「慰霊祭」での発言内容三件をヘイトスピーチだと認定し、公表した。第五章で触れた、一九年九月一日の墨田区・横網町公園での出来事だ。

都がヘイトと認定したのは、追悼式にぶつけて「慰霊祭」を開いた団体「そよ風」による「犯人は不逞朝鮮人、朝鮮人コリアンだったのです」「不逞在日朝鮮人たちによって身内を殺され、家を焼かれ、財物を奪われ、女子どもを強姦された多くの日本人たち」などの発言だ。複数の都民からの通報を受け、専門家らでつくる審査会が判断した。「別の集会に対して挑発的意図をもって発せられた……差別的言動に該当する」「著しく侮蔑し、地域社会から排除することを煽動する目的を持っていたものと考えられる」と認定している。

団体名の公表や罰則はなかったが、「あってはならないものとして、その解消を推進していく」としている。言動をヘイトと認定したのであれば、「そよ風」による公園使用許可申請に対して許可を出さないなどの条例に基づいた対処が必要なはずだし、都は条例を使いそこまで踏み込めるはずだ。どう「解消を図る」のか注目されたが、結局、前章で見た通り、「そよ風」の「慰霊祭」は二〇二〇年九月も再び許可され、開かれた。

多様な差別を禁止

ヘイトスピーチ解消法は自治体に取り組みを要請しており、これを受けてつくられた条例は他にもある。

東京都世田谷区の「世田谷区多様性を認め合い男女共同参画と多文化共生を推進する条例」は二〇一八年三月に成立し、四月に施行された。罰則がないが、ＬＧＢＴや外国人への差別を禁止。これらの差別に特化して、区長の下に諮問機関「苦情処理委員会」を設け、区民からの申し立てや相談を受け付けることとした。

東京都国立《くにたち》市議会は二〇一八年一二月、あらゆる差別を網羅的に禁止する「国立市人権を尊重し多様性を認め合う平和なまちづくり基本条例案」を全会一致で可決した。罰則はないが、差別を受けた側の関係者も加えた市長の諮問機関が差別解消策や救済策を審議し、市が実施する先進的な内容だ。前文にはヘイトスピーチ解消法、部落差別解消推進法、障害者差別解消法の「人権三法」と憲法の理念を盛り込み、皮膚の色や信条、性自認、障害、被差別部落出身など一三項目を列挙した上で、それらを理由にした差別や心身への暴力を禁じた。永見理夫《ながみかずお》市長は「差別を受けている人や幅広い市民の声を聞き、二年かけて策定した。さまざまな条例の最上位に位置する」と説明した。

東京都狛江《こまえ》市は、性差、人種、出身、障害などを理由とした差別を禁止する人権尊重基本条例を策定した。セクハラやパワハラ、いじめや虐待も禁止事項に入れたのが特色だ。罰則規定はないが市に救済措置を取るよう義務付け、二〇二〇年七月に施行した。

狛江市では複数の女性職員へのセクハラ問題が発覚した前市長が二〇一八年に辞職し、再発防止のため条例制定が議論されていた。松原俊雄・現市長は取材に「首長自らが人権を守る基準や指針を示す必要があった」と話した。罰則規定を入れなかったことには「(刑法など)他の法律を使うべきだ」との考えを示した。

先進的なのは、香川県観音寺市だ。市公園条例は二〇一七年六月の改正で「人種、国籍その他の出自を理由とする不当な差別的取扱いを誘発し、又は助長するおそれのある行為」を禁止する条項を加え、違反には五万円以下の過料を科すことができるとした。行政罰を盛り込んだヘイト対策は全国初と見られる。

市の担当者は「不特定多数の人が集まる場所でヘイトがあれば著しい迷惑だ。ヘイトを許さないという時代の流れもあり、差別的な行為の抑止になると思う」と話す。

この他、議会決議の必要な条例ではなく、行政が独自にガイドラインを定める場合もある。京都府は、公共施設使用手続のガイドラインを定め、二〇一八年三月に運用を始めた。ヘイトスピーチ防止のため、「差別的言動が具体的に予測される場合」、または「差別的言動で紛争のおそれがあり、施設の管理上支障が生じると具体的に予測される場合」のいずれかに該当すれば、施設利用を制限できるものだ。

しかし、やはり差別を許さないという行政の姿勢をはっきりと示すには、議会で決める条例が必要だろう。禁止規定と罰則のない解消法ではヘイトを止められないことが明らかになっている今、観音寺市のように、条例には禁止規定と罰則が必要なのは言うまでもない。実現したのが、第二章でも触れた川崎市だ。

ヘイトスピーチが犯罪に

二〇一九年一二月一二日、川崎市議会の議場には、ヘイトと闘い、傷ついてきた在日コリアンをはじめ、たくさんの市民が傍聴に詰めかけた。多くのメディアも取材する中、無所属議員二人の退席があったものの、出席した与野党議員の全会一致で「川崎市差別のない人権尊重のまちづくり条例」が可決・成立した。全国初の刑事罰を盛り込んだ差別禁止条例であり、日本の歴史上、差別が初めて犯罪と規定された瞬間だった。

刑事罰には、高いハードルが課せられた。ヘイト規制を議論するたびに問われるのが、憲法が定める「表現の自由」に抵触しないのかという点だ。このため刑罰までいくつもの段階を踏み、厳しい条件を付けることで配慮した。

まず、何がヘイトにあたるかについては、外国出身という属性を理由とした「居住地域からの排除、生命・身体などへの危害の扇動、人以外のものにたとえるなど著しい侮辱」と定義。対象場所を「道路、公園など」と公共空間に限定し、手段も「拡声器を使用」「プラカードを掲示」「ビラを配布」と明示した。罰せられるヘイトスピーチについて、かなり狭い範囲に限定している。

これらの要件を満たしヘイトと認定されても、すぐに刑罰が科されるわけではない。市は第三者機関（審査会）の意見を聞き、勧告、命令、公表の三段階の行政手続きを用意した。勧告、命令の有効期間も限定した。ヘイトだと認定し一回目の勧告を出した後、六カ月以内に繰り返せば、命令となる。半年が経過すれば、再度ヘイトと認定されても命令には進まず、再び勧告となるわけだ。

三段階目の公表まで進めば、市は警察や検察など捜査機関に告発し、検察に起訴されれば最終的に裁判所が五〇万円以下の罰金を科すかどうかを決める。行政だけで判断するのではなく、司法判断にも委ねることで恣意的な運用の恐れを排除する狙いだ。

福田紀彦市長は条例成立後の記者会見で「罰則付きで重たいが、地域の実情に合わせて実効性の高い条例ができた」と強調した。市長提案による条例にかけた意気込みを問うと「川崎は『元祖・多様性』の街だ。国内外にルーツのある人たちがつくってきた。これからも多様性を誇りとして取り組んでいく。全ての市民が差別を受けず、個人の人権が尊重されるまちづくりを進めたい」と決意を述べた。

「条例で守られる」

条例制定を求めてきた市民団体「ヘイトスピーチを許さない　かわさき市民ネットワーク」も成立後に記者会見を開き、「差別で人を傷つけることの責任が明確化された」と喜

かわさき市民ネットワークの記者会見、川崎市役所（2019年12月12日）

びを語った。

共同代表の裵重度《ペジュンド》さん（七六歳）は「差別や排外意識がただちに一掃されるとは思わないが、犯罪だという意識が定着すれば、なくなっていく」と期待を述べた。在日一世の石日分《ソクイルブン》さん（八八歳）は「日本に溶け込んで仲良く暮らしていて、私たちは差別される何のいわれもない。条例で守られることになり、うれしい」と話した。

ネットを中心に激しい差別を受けている前述の崔江《チエカン》以《イ》子《ヂヤ》さん（四六歳）は「以前は職場に『朝鮮に帰れ』と電話があったが、条例素案発表の六月以降は一度もない。成立前から抑止効果は発揮され、すでに守られている。今後も抑止効果に期待する」と強調した。

「表現の自由に十分配慮した条例だ」と評価したのは、メンバーの神原元弁護士。「ヘイトデモの現場で警察官がいきなり違反者を捕まえるのではなく、事後的に行政がヘイト認定し、次にデモを計画した場合に禁止するなど、事後規制に徹している。現場でただちに禁止されるわけではないが、これでデモはなくなっていくだろう」と期待を込めた。残念ながら、川崎駅前でのヘイト街宣は繰り返されているわけだが、成立時の期待は大きかった。

川崎で先進的な条例ができたのは、福田市長自らが「地域の実情に合わせた」と話すように、第二章で見た通り、ヘイトの標的とされてきた立法事実（制定の理由となる事例）があるからだ。

条例審議中にも、挑発するようにヘイト街宣が行われた。二〇一八年一二月七日、JR川崎駅前で、日本第一党関係者らが条例に反対する街頭宣伝をした。メンバーはブログで「左翼と在日朝鮮人のやりたい放題を阻止しよう」「在日特権条例だ」などと、デマを含む主張を繰り返してきた。

差別に抗議する市民も黙っていない。小雨の降る中、約一〇〇人が街宣に向かい、「条例に賛成、差別に罰を」と書いたプラカードを掲げた。

在日コリアンの中には、ヘイト集会や街宣に出くわさないよう外出をためらう人や、ネットの利用を控える人がいる。ヘイトによって「表現の自由」が侵害されている人々がいるわけだ。ヘイトスピーチを規制する議論をする際、ヘイトをどこまで規制すべきか、憲法に抵触しないか、という点が常に問題になる。しかし、この議論からはマイノリティや被害者側の視点が抜け落ちている。ヘイトが存在することでマイノリティの権利が制限されている面にこそ、目を向けるべきだろう。

ヘイトスピーチ解消法は、ヘイトをする側の表現の自由に配慮し、罰則を設けずに「理念」にとどめた。結果的にヘイトは防げなかった。だからこその条例制定だった。

川崎・桜本の在日コリアンの少年たちは、桜本地域を狙うデモが告知された際に「俺たちがぶっ飛ばしてやる」「大人は何やってんだよ。ルールがないならつくってよ」などと憤っていた。すでに市民団体や地元商店街などは「市民ネットワーク」を結成し、実効性のある制度を求めていた。こうした動きが背景にあり、それに呼応する形で市が条例制定に動いたと言える。市民、行政、議会の「オール川崎」による条例だ。

日本人への差別?

議会の審議では、委員会採決の直前まで条例内容に懸念の声が出ていた。自民党議員が「罰則対象の範囲がはっきり見えない」と指摘。中国・韓国・北朝鮮との歴史問題を主張することもヘイトとして罰則対象になると誤解している市民が多数いるとして、「表現の自由が萎縮する恐れがある」と懸念を示した。

市側は、素案段階では不明瞭だったヘイトスピーチの定義を「当該国又は地域の出身であることを理由として」と、属性を理由とする差別であることを明確に規定し、さらに「解釈に疑義が生じないよう成立後に解釈指針を定める」と表明し、理解を求めた。

川崎市が条例素案への意見を募ったパブリックコメントの中には、条例は「日本人に対する迫害・言論弾圧・差別だ」との反対意見が四〇件近くあった。組織的に投稿されたものだと見られるが、こうした背景もあってか、自民党は委員会に条例の付帯決議案を提出した。「日本人に対する差別が認められれば罰則改正を含め必要な措置を講ずる」との表現を盛り込んだものだ。

ちょうど「あいちトリエンナーレ２０１９」の展示を受けて「日本ヘイト」という言葉がはやった直後だったこともあるが、ヘイトスピーチの定義とは異なるとんちんかんな議論が自民党から起こされたのは残念だった。

他会派は「日本国民への差別的言動は立法事実にない」などときちんと反論した。多数派の日本人に対するマイノリティからの差別被害はなく、自民の決議案は「ヘイトスピーチ解消法が対象とする外国人差別を逸脱する」と反発を受けた。

結局、外国人を対象としないものでも「不当な差別的言動による著しい人権侵害が認められる場合には、必要な施策及び措置を検討する」との文言に変えた付帯決議が採択された。「日本ヘイト」の考え方は消えたわけだ。市議会本会議では自民を含む全会派一致で条例は成立した。ヘイトスピーチの議論にネトウヨ（ネット右翼）的な誤解が入り込んでいることを象徴する審議だった。

ネット対策に限界

川崎市条例では、インターネット上の差別表現は刑事罰の対象とはならなかった。福田市長は条例成立後、ネット対策について「条例は世界中で起きている事象を対象にしていないので、一定の限界はある」と述べ、自治体による施策の限界を指摘した。

ただ、条例のネット対策は「拡散を防止するために必要な措置を講ずる」と明記され、市の実施義務が明確化された。二〇二〇年四月からは専門業者に委託し、市に関連するヘイト書き込みの調査を始めた。弁護士や大学教授ら五人の委員で構成する審査会がヘイトと認定すれば、削除要請などの措置を講じる。

市が率先してヘイト書き込みを消してくれるのか――。市民は期待したが、実際に初めての審査会が七月に開かれると、その期待は失望に変わった。この日までに市に寄せられた「緊急的に削除などの対応が必要」などとされたひどいヘイト投稿は三〇〇件超。在日コリアン三世の崔江以子さんをターゲットにしたものだ。投稿の一覧を読むと、吐き気がしそうなほどひどい。しかし市が三〇〇件の中から審査会に掛けるため選んだ投稿はたった九件で、しかも協議の結果、「継続審議」となったのだ。せっかくの条例だが、運用が中途半端では意味がない。

その後、審査会はそのうちの二件をヘイトスピーチだと認定し、市は条例に基づきツイッター社に二件の削除を要請。しかし、ツイッター社は応じていない。審査会はその後も、四五件を削除要請すべきだと市に答申した。内容は「早く日本から出て行け」と排除をあおるもの、「死ね」「ぶっ殺して地獄に落とす」と危害を加えようとするもの、「寄生虫そのもの」と侮蔑するものなどだ。内容のひどさに反比例して歯がゆいほど遅々とした歩みだが、一歩一歩進んではいる。川崎市を叱咤激励していく必要がある。

条約の義務

国が果たしていない責務を、川崎市が果たしたという面もある。条例制定後、師岡康子弁護士は川崎・桜本の「ふれあい館」で講演を開いた。師岡弁護士は、国際人権規約（日本は一九七九年に批准）や人種差別撤廃条約（九五年に加入）が差別禁止の立法措置を求めているにもかかわらず、「日本政府はずっとこれを怠っている」と批判。「川崎市が被害者の盾となった。次は国の番だ」と訴えた。

日本国憲法九八条二項は「日本国が締結した条約及び確立された国際法規は、これを誠実に遵守することを必要とする」と定めている。差別禁止条項は、国際人権規約や女性差別撤廃条約、人種差別撤廃条約の他に、子どもの権利条約などにも存在する。

日本が一九七九年に批准した国際人権規約の自由権規約では、二〇条でヘイトスピーチを禁止する法的義務を負っている。四〇年近くたってから解消法をつくったものの、まだまだ義務を果たしていない状態が続く。

人種差別撤廃条約も、人種差別を撤廃する政策を遅滞なくとることを締約国に義務付けている。具体的には、差別の扇動や行為を犯罪として罰し、差別扇動団体を規制することを求めている。条約の実施監督機関である国連の人種差別撤廃委員会は、日本政府に何度も包括的な人種差別撤廃法を制定するよう求めているが、政府は応じていない。条約違反であり、誠実に遵守していないことから、憲法九八条に違反しているとも言える。

条約に基づき川崎市条例のような法整備が必要だ。ただ、条約だけでも十分に利用価値がある。二〇一三年一〇月、京都地裁は三回にわたる京都朝鮮学校襲撃事件を「人種差別撤廃条約の規定する人種差別にあたる」と認定し、学校の半径二〇〇メートル以内における街宣を禁止する判決を出した。司法にやる気さえあれば、いくらでも差別を規制することができる。

デモを禁じた司法

「ヘイトデモ禁止ゾーン」を設けたのは京都だけでなく、他に四カ所ある。在日コリアンが多く住む地域や朝鮮学校周辺でのヘイトデモが、次々に司法によって禁止されている。

川崎市の社会福祉法人「青丘社」の申し立てを受けた横浜地裁川崎支部は二〇一六年六月、過去にヘイトデモを繰り返してきた団体に対し、法人の事務所（ふれあい館）から半径五〇〇メートル以内でのデモの禁止を命じる決定を出した。「違法性は顕著で、憲法が保障する表現の自由の範囲外」との理由だ。第三者に同様の行為をさせることも禁じた。

大阪市では、在日外国人の人権に取り組む大阪市生野区のＮＰＯ法人「コリアＮＧＯセンター」が、在日コリアン排除を訴えるデモの禁止を求める仮処分を申し立てた。大阪地裁は二〇一六年一二月、法人の事務所から半径六〇〇メートル以内での「在日コリアンへの差別的意識を助長し誘発する目的」のデモを禁止する決定を出した。第三者による同様の行為も禁じた。

東京朝鮮中高級学校（東京都北区）を運営する学校法人東京朝鮮学園は、最寄り駅であるJR十条駅前で学校を中傷する街宣活動を繰り返した「朝鮮総連本部をさら地にする会」の佐藤悟志《さとし》代表代行の活動禁止を求めた仮処分手続きを起こした。東京地裁は二〇一九年七月、駅を含めて学校の半径五〇〇メートル以内での演説やシュプレヒコールの禁止を命じる決定を出した。

さらに二〇二一年三月、東京地裁立川支部は、佐藤氏に対し、東京都小平市にある朝鮮大学校の正門から半径五〇〇メートル以内でも、演説やビラ配布による名誉毀損、侮辱行為を禁止した。東京朝鮮学園が求めた仮処分だった。

各地で「差別禁止ゾーン」が生まれている。しかし本来なら、どんな場所でも差別が禁じられるべきではないだろうか。そのためにはやはり、包括的な差別禁止のルールが必要だ。

人権三法、アイヌ新法

包括的な人種差別禁止法はなかなか実現しないが、日本では個別の反差別法が制定されてきた。中でも「人権三法」と呼ばれるのが、ヘイトスピーチ解消法と、障害者差別解消法（二〇一三年）、部落差別解消推進法（二〇一六年）だ。

二〇一九年五月には、法律で初めてアイヌを「先住民族」と明記した「アイヌ施策推進法」が施行された。

アイヌ民族の文化を振興、啓発する施策によって、アイヌが誇りを持って生活し、和人（アイヌ以外の日本人）と共生する社会の実現を目指す。市町村は地域計画を策定し、首相の認定で交付金を受けることができる。また文化振興目的に限ったサケ捕獲への配慮や国有林での林産物採取の特例措置が講じられる。二〇年に北海道白老町《しらおいちょう》にオープンした民族共生象徴空間（愛称・ウポポイ）の管理規定も設けた。

こうしたさまざまな人権法は、いずれも「マイノリティ法」と言えるものだ。それぞれの被差別当事者やその支援者らによる粘り強い運動の成果でもある。ただ、差別の範囲をそれぞれの法律で規定することにより、抜け落ちるものが出てきてしまう。例えばヘイトスピーチは決して外国人に対するものだけではなく、障害者、被差別部落出身者、アイヌ、沖縄、女性、LGBT、イスラム教徒など、社会的弱者や少数者に対する差別言動を指すものだが、ヘイトスピーチ解消法は外国人へのものだけに限っている。本来ならば、あらゆるグループに対する不平等を禁じる法律があってしかるべきだ。

自治体の反ヘイト条例は、外国人だけでなくあらゆる差別に網を掛けているものも多い。国際条約と国連が求める「包括的な人種差別撤廃法」に近い。川崎市の条例を含め、各自治体が到達した人権条例を受けて、国レベルの包括的な人権法、反差別法をつくるべき地点まで到達したといえる。

東京、川崎、京都、大阪で出たヘイトデモ禁止の司法判断。ヘイトデモの現場で頭を悩ませながら警備または規制する警察。各種の人権法。各自治体の条例。国際条約の義務。国連機関の要請。ネット対策の必要性……。これらが乱立する状況を分かりやすく整理するには、包括的な差別禁止法を制定するしかない。そして人権立国・日本を目指したい。

法ができることで、被害者との近さに関係なく、誰もが反差別の規範を持つことができる。どういうことか。「反レイシズム情報センター」（ARIC）の梁 英聖《リャンヨンソン》代表は著書『レイシズムとは何か』（ちくま新書）で「日本型反差別は被害者の声を聴くことや被害者に寄り添う必要を訴えながらも、加害者の差別する権利や自由には一切手を触れない」と手厳しく指摘している。「自分が『マジョリティなのに』とか『差別被害者の苦しみもわからないのに』といった一見良心的な『ためらい』で結局差別を止めない人はたくさんいる」とも言う。在日コリアンの知り合いがいなくても、マイノリティのことをよく知らなくても、被害者との関係性とは別に、差別加害に向き合わなければならない。本来は、そういう規範があってこそ差別を食い止められる。

反差別の規範

日本型反差別は「被害者に寄り添う」型であり、「加害者を糾弾する」型ではない、との梁氏の指摘。取材にこう語った。「大学生時代から、在日コリアンとして差別体験を語ってくれと言われ続けてきた。被害を語れば語るほどしんどくなる。それに、その場で『ごめんなさい』とか『頑張って』とか言われ、理解や同情を得ても、結局差別はなくなっていない。在日差別が消費されていると感じる。被害者を励ますだけで、加害者と闘わないのは、ずるい」。

在日コリアンへの差別だけではない。被害当事者に被害を語らせ、共感や同情を得る反差別運動は、ＬＧＢＴ、障害者、女性など、あらゆる分野で見られる。梁氏はこの現象を「日本に反差別の社会規範がないからだ」と指摘する。社会規範がないのは、法規制がないことが原因の一つだ。包括的な人種差別禁止法が必要だ。「米国には法によってヘイトクライム統計があり、トランプ前大統領の発言によって差別事件が増えたことが、目に見えて分かる。日本では、例えば杉田水脈衆院議員による女性やＬＧＢＴに対する発言によって、どれだけの差別が引き起こされたのか見えない」。法規制があれば、差別が可視化され、規範ができるという訳だ。

法規制に加え、反差別の規範に必要な考え方がある。それは、資本主義の価値観を問い直す思想だ。米国のＢＬＭ運動には、反資本主義運動の側面がある。梁氏は「差別は資本主義と相性が良く、身分制や奴隷制、植民地支配が資本主義を育ててきた。今も市場原理、競争社会は不平等を生み出している。ＢＬＭはこの構造を告発している」と話す。

欧米では、スウェーデンの少女グレタ・トゥンベリに象徴されるような環境運動を含め、多くの社会運動に資本主義的価値観を問い直そうという思想が入っている。日本の反差別運動にも、なぜ差別がなくならないのかを考える反資本主義の価値観が必要ではないだろうか。

包囲網の完成を

包括的な人種差別禁止法の制定は、ヘイトスピーチ解消法では根絶できなかったヘイトデモ、ヘイト街宣、ネット上のヘイトを違反とし、限りなく減らしていくことができるものだ。

さまざまな形が考えられるだろうが、私が考える望ましい形は、「人種差別撤廃基本法」で差別言動を違法とした理念を示した上で、「人種差別禁止法」で禁止条項と罰則条項を設け、刑法にも差別罪を設けることだと考える。

表現行為のうち、どこからを違法としどこまでをセーフとするかは難しい。しかし不可能ではない。刑法にはすでに、名誉毀損罪や侮辱罪など、表現のうちセーフ、アウトの線引きを迫っている条項がある。差別にも適用は可能だ。「難しい」「できない」と退けて被害者に我慢を強いるのではなく、どうすればできるのかを考えることが、社会をよくすることにつながる。

法律ができることで、何よりも、差別をしてはいけないという意識が根付くし、何が差別にあたるのかを共に考え、議論することにもつながる。教育内容にも、道徳的なものではなく、実践的な人権教育が入ることになるだろう。メディアの報じ方も変わる。第二章で見た路上でのヘイト、第三章で見たネット上のヘイトへの有効な対策になる。そして、第四章で見た官製ヘイトや第五章で見た歴史改竄についても、変化の引き金になる。

差別と歴史とは密接な関係がある。ドイツのように、ホロコーストの事実を否定したりナチスを賛美したりする行為を犯罪とする法律は、今の日本の状況でまねるのは難しい。しかし、差別全般を禁じ、意識を変えることにより、潮目は変わるだろう。日本のヘイトスピーチのほとんどは、植民地支配の時代からの朝鮮人・韓国人蔑視や、戦争時代からの中国人蔑視に根ざしたものだ。歴史を直視し、加害と向き合うことで、偏見・差別の間違いに気付くはずだ。簡単に「反日」だと断じて思考停止に陥る前に、日本の何が抗議されているのかを立ち止まって考えることになるはずだ。沖縄ヘイト、アイヌヘイト、部落へイトも、あらゆるヘイトは歴史に根ざした差別だ。

ヘイトスピーチ解消法を発展させて差別を禁止する法律をつくり、ヘイト包囲網を完成させたい。その日のために、今ある差別に反対する声を共に上げていこう。

おわりに

　恥ずかしい過去を告白すると、私は差別主義の右翼少年だった。せめて博愛主義の右翼少年だったら良かったのだが。どうしてそう育ったのか分からないが、振り返ると小学生の頃、打ち捨てられた日の丸の小旗を見てそうなったのかもしれない。

　私が育ったのは「日本最古の湯」を主張する愛媛県松山市の道後温泉の温泉街。当時の自宅マンションの目の前に皇族が使う老舗《しにせ》温泉旅館があり、皇族が松山に来るたびに、日の丸の小旗を振る一団が目の前の道路に並び、皇族を歓迎していた。特に感慨もなく、珍しいもの見たさでベランダから眺めていたと思うが、ある日、小旗が道に捨てられているのを発見した。

「道にモノを捨てたらいかんやろ。しかも国の旗やし」という憤慨と正義感から、なぜか国粋主義者に育っていった。いや、これは後になってこじつけた都合のよい記憶かもしれないが。
かつて、たまに「中国人うっとうしい」などと赤面するような差別発言をしていた私は、大学生の時、とうとう叱られた。相手は所属するワンダーフォーゲル部の先輩だった。私が通っていたのは外国語大学で、私はイタリア語科、先輩は朝鮮語科。先輩は「お前みたいな右翼は、ハン先生の授業を受けろ」と言う。在日コリアン一世の韓丘庸《ハングヨン》先生の授業は、在日コリアンを取り巻く社会状況を解説するものだったはずだ。先輩の言に従い、次の学年から韓先生の授業を選択した。

一回目の授業で私は、在日コリアンの存在と歴史、受けている差別、豊かな文化を学び、「なぜこんな大事なことを知らなかったのか」と悔しくて恥ずかしくて泣いてしまった。翌週の二回目からは最前列で聴講した。座高が高いので一番前は嫌なのだが、講義に集中したかったので仕方がない。三回目の授業後には、先生に連れられ、バスと電車を乗り継いで大阪・鶴橋まで繰り出し、焼肉とマッコリをごちそうしてもらうという個人的課外授業になだれ込む仲になってしまった。

先輩や先生のおかげで私は大学生のうちに差別と偏見と無知の罪深さを知ることができ

た。そして、それらと闘う方へ転向した。つまり、ジャーナリストを志すことにした。ついでに関心分野もイタリア半島から朝鮮半島に移ってしまった。

ところで、自由と平等をモットーに、反戦・反核・反差別を実践しながら生きることは正しいことだと思うが、しんどいこともある。近所の馴染《なじ》みの居酒屋に行けば、隣り合った客が差別と偏見にまみれた会話を始めることもある。そのたびにうんざりしながら「それ、おかしくないっすか」と声を掛けていれば、何のために仕事帰りの安らぎの一杯に寄ったのか分からなくなる。そういう客との議論はたいてい喧嘩になり、かなり消耗する。楽しい酒を飲ませてくれ。

正しく生きようとするよりも、日本民族や日本国家や政権などと一体化し、他者を貶めてヘイトを吐く方が、楽なのだ。自分で考え判断することをやめられるから。自分が苦しいのは、自分のせいじゃない。敵がいるからだ。「反日左翼」や在日が悪いのだ。そう思い込んで敵をつくり出し、攻撃していればいい。あるいは、自分には関係のないこととして、差別など存在しないかのように無視して生きていく。楽な生き方だが、人間としてそれでいいのか。信頼を失い、生きる世界を狭くする。子どもたちに顔向けできない。マイノリティを苦しませる。社会はどんどん悪くなる。

先ほど居酒屋でのことに触れた。酔客の差別発言をたしなめると、だいたい喧嘩になる。差別反対は当たり前のはずなのに、なぜだろう。酒だけが原因ではない。それは、ほとんどの場合「俺が言ったのは差別じゃない。ただあの人たちが嫌いなだけ」と開き直ったり、「言葉が行き過ぎたかもしれないが、私だって韓国に旅行したこともあるし、キムチ大好きだし」という「I have black friends」と呼ばれる差別を正当化する典型的な常套句《じょうとうく》を繰り出してきたり、「韓国だって反日じゃないか」と歴史背景無視の反論をしてきたりと、差別発言を否定するか、自己正当化してくるからだ。

そこで「いやいや。このお店にも韓国人が来ますし、もし俺のツレが韓国人とか在日とかだったらどうするんすか。さっきのもう一回言えますか？　日本人の俺でも、さっきの言葉は不愉快っす。差別っす」などと言えば、店の雰囲気はさらに悪くなる。おかみさんが介入しても、もう遅い。せっかく焼き鳥が美味《お い》しい店なのに、次からのれんをくぐりにくくなるじゃないか。「三岳《みたけ》」のボトルを入れたばかりなのに。

差別に反対する記事を書き、その記事をツイッターで紹介すると、もっとひどいことになる。居酒屋の酔客は顔が見えているが、ツイッターで絡んでくる連中は、顔も本名も分からない。「日本へイトだ」とか「反日だ」とか、気色の悪いリプライが並ぶ。なぜだろう。差別は駄目、人類平等。学校で習わなかったのか。

差別に遭いながらも差別と闘う人は、もっとひどい攻撃に遭う。第三章で取り上げた李《リ》信恵《シネ》さんや崔江以子《チェカンイヂャ》さん。そして辛淑玉《シンスゴ》さんも。みんな在日コリアンの女性だ。自分を守るために、同胞を守るために、地域を守るために、声を上げる彼女たち。それを叩き、笑いものにする差別主義者たち。連中のことを考えると、怒りではらわたが煮えくりかえる。怒りは、差別発言をしていた過去の私にも向かう。私の言動に傷ついた人がいるはずだ。心から謝罪したい。

「はじめに」で私は、震災時に二度と虐殺が起きないよう、日頃から差別の芽を摘み取っておかなければならないと書いた。それが本書を書こうとした一番の動機だが、自分を含めた差別をする人たちへの怒りもやはり、本書を書こうとした動機になっている。差別をしない人はいない。誰でも、マイノリティでさえも、差別をしてしまうことがある。自覚的にも、無自覚的にも。「私は差別をしない」という人を、私は信じない。

私は今後も、記者である限り反差別の記事を書き続けるし、人間である限り差別に反対し続ける。「私は差別をしない」では差別はなくならない。「私は差別に反対する。闘う」でなければならない。そのために、差別に反対する政策と法制度をつくり出し、差別に反対する仲間を増やしていきたい。この本を読んで、共に反差別の戦線に立とうと感じてくれればうれしい。

最後に、出版を後押ししてくれた尊敬するジャーナリスト木村元彦《ゆきひこ》さんと、私のわがままを受け止めながら本を仕上げてくれた編集者藁谷浩一さんに心から感謝します。取材を受け入れてくれた差別に苦しむ方々と、執筆するエネルギーをくれた差別と闘う日本中、世界中の方々に、深い感謝の意を表します。

二〇二一年三月

角南圭祐

参考文献

加藤直樹『TЯICK トリック――「朝鮮人虐殺」をなかったことにしたい人たち』ころから、二〇一九年
加藤直樹『九月、東京の路上で――1923年関東大震災ジェノサイドの残響』ころから、二〇一四年
康潤伊・鈴木宏子・丹野清人編著『わたしもじだいのいちぶです』日本評論社、二〇一九年
北野隆一『朝日新聞の慰安婦報道と裁判』朝日選書、二〇二〇年
金明秀『レイシャルハラスメントQ&A――職場、学校での人種・民族的嫌がらせを防止する』解放出版社、二〇一八年
中村一成『ルポ　京都朝鮮学校襲撃事件――〈ヘイトクライム〉に抗して』岩波書店、二〇一四年
中村一成『ルポ　思想としての朝鮮籍』岩波書店、二〇一七年
野間易通『「在日特権」の虚構――ネットが生み出したヘイト・スピーチ　増補版』河出書房新社、二〇一五年
野間易通『実録・レイシストをしばき隊』河出書房新社、二〇一八年
師岡康子『ヘイト・スピーチとは何か』岩波新書、二〇一三年
安田浩一『ヘイトスピーチ――「愛国者」たちの憎悪と暴力』文春新書、二〇一五年
横田滋・横田早紀江、石高健次（聞き手）『めぐみへの遺言』幻冬舎、二〇一二年
李信恵・上瀧浩子『#黙らない女たち――インターネット上のヘイトスピーチ・複合差別と裁判で闘う』かもがわ出版、二〇一八年
梁英聖『レイシズムとは何か』ちくま新書、二〇二〇年

角南圭祐（すなみ けいすけ）

一九七九年、愛媛県出身。大阪外国語大学卒業。愛媛新聞記者を経て、渡韓しフリージャーナリストに。二〇〇九年共同通信入社。大阪社会部、福岡編集部、社会部を経て二〇二〇年から広島支局次長。「共同通信ヘイト問題取材班」の一員。日本軍慰安婦や徴用工など日韓の戦後補償問題については長年追い続けている。共著に『戦争への想像力』（新日本出版社）、『ろうそくデモを越えて』（東方出版）など。

ヘイトスピーチと対《たい》抗《こう》報《ほう》道《どう》

集英社新書一〇六二B

二〇二一年四月二一日 第一刷発行

著者……角南圭祐《すなみけいすけ》

発行者……樋口尚也

発行所……株式会社集英社

東京都千代田区一ツ橋二-五-一〇 郵便番号一〇一-八〇五〇

電話 〇三-三二三〇-六三九一（編集部）
〇三-三二三〇-六〇八〇（読者係）
〇三-三二三〇-六三九三（販売部）書店専用

装幀……原 研哉

印刷所……凸版印刷株式会社

製本所……加藤製本株式会社

定価はカバーに表示してあります。

ISBN 978-4-08-721162-7 C0236

Printed in Japan

a pilot of wisdom